대학 마음학

大學心解

임병학 강설
윤수정 • 이종숙 풀이

도서출판 中道

목 차

책을 내면서

『대학』은 삼강령(三綱領)과 팔조목(八條目)을 통해 왕도정치(王道政治)를 밝히고 있다. 왕도(王道)는 왕의 길이 아니라 천·인·지(天人地) 삼재지도(三才之道)를 일관하는 진리의 길이자, 사람이 살아가야할 길이다.

즉, 명덕(明德)과 신민(新民), 지어지선(止於至善)은 우리가 살아가면서 강령으로 삼아야 하는 것이며, 격물(格物)·치지(致知)·성의(誠意)·정심(正心)·수신(修身)·제가(齊家)·치국(治國)·평천하(平天下)는 사람이 실천해야할 8가지 조목(條目)이다.

『대학』은 사람의 본성을 명덕(明德)이라 하고, 이 덕(德)이 음양으로 작용하는 호호색(好好色)·오악취(惡惡臭)의 마음과, 또 넷으로 작용하는 바르지 못한 마음인 분치(忿懥)·공구(恐懼)·호락(好樂)·우환(憂患)의 사심(四心)을 밝히고 있다. 호호색은 선을 좋아하는 호선(好善)의 마음이고, 오악취는 악을 미워하는 오악(惡惡)의 마음이다.

『대학』을 마음학으로 풀이한 이 책은 다음과 같은 특징이 있다.

첫째, 『대학』의 마음론을 『주역』의 입장에서 풀이하였다. 『주역』은 마음학의 형이상학(形而上學)을 밝힌 '세심경(洗心經)'으로, 『대학』의 근거를 찾을 수 있다. 밝은 덕을 밝힌다는 명명덕(明明德)은 『주역』 35번째 「화지진괘(火地晉卦)」의 대상사인 '자소명덕(自昭明德)'과 만나게 된다. 특히 각 장의 간지(間紙)에는 그 장을 대표하는 『주역』의 64괘 그림으로 디자인 하였다.

둘째, 『대학』의 내용을 『예기』와 『논어』, 『중용』, 『맹자』로 풀이하였다.

『대학』은 사람이 살아가는 길인 왕도(王道)를 밝히고 있는데, 이것을 확장한 것이 『맹자』의 왕도정치철학이다. 『중용』은 『대학』과 함께 '용학(庸學)'을 불리면서, 소(小)주역으로 사람 본성과 마음 그리고 천도(天道)를 논하고 있다. 『논어』는 『대학』의 바탕이 되는 공자의 말씀을 기록한 것으로, 도학을 공부하는 방법을 밝힌 것이다.

셋째, 『대학』의 마음학을 사상철학(四象哲學)으로 해석하였다. 사상철학의 가장 핵심적 개념인 사·심·신·물(事心身物) 사상(四象)은 『대학』에서 원용된 것이다. 『격치고』와 『동의수세보원』을 통해 『대학』 내용을 사상인(四象人)의 마음론으로 풀이하였다.

넷째, 고본대학(古本大學)과 연구 논문 「동무 이제마의 사상적 사유체계와 『대학』 – 『격치고』를 중심으로 –」를 부록으로 실었다. 고본대학은 『예기』 제42권에 있는 것이고, 연구논문은 2014년 발표한 것을 수정·보완한 것이다.

『대학 마음학』은 2022년에 강설한 것을 윤수정, 이종숙 선생님이 같이 공부하면서 풀이한 것이다. 두 분 선생님은 『주역』을 비롯한 『예기』와 『논어』, 『중용』, 『맹자』, 사상철학의 원전인 『격치고』, 『동의수세보원』의 원문을 찾아서 번역하고 풀이하였다. 2018년 『중용, 주역으로 풀다』(동남풍)를 출간하고, 계획했던 『대학』의 풀이가 두 분의 도움으로 세상과 만나게 되었다.

끝으로 책이 출판될 수 있도록 도움을 주신 「正易연구회」 박사님과 선생님, 대전 정림초등학교 최미진 선생님, 그리고 도서출판 中道의 신원식 대표님께 감사의 마음을 전합니다.

2024년 4월 28일

저자를 대표해서 임병학 삼가 쓰다.

『대학』 해제(解題)

『대학』은 유교뿐만 아니라 동양사상 전반을 이해하는 데 중요한 경전이며 『논어』, 『맹자』, 『중용』을 읽기 위한 입문서 역할을 한다. 유교의 실천 목표인 이상사회 건설을 현실에서 구체적으로 실현할 수 있는 수신을 근본으로, 격물·치지·성의·정심의 궁리를 통하여 제가·치국·평천하의 실현으로 세상을 다스리는 정치적 방법이며 나를 일으켜 세우는 근원적 실천론을 제시한다.

『대학』은 사서(四書) 중의 하나로 『중용』과 함께 『예기(禮記)』 속에 들어 있었으나, 『대학』을 경서(經書)로 드러낸 사람은 당의 한유(韓愈, 退之, 768~824)이다. 한유의 대표적 작품인 『원도(原道)』에서 유교의 성통론을 말하면서 '제(요·순)라 하고, 왕(우·탕·문·무)이라 칭한다 하고, 그 이름이 다르지만, 그 성인이 됨에 있어서는 동일하다. 옛날에 밝은 덕을 천하에 다시 밝히고자 하는 사람은 먼저 그 나라를 다스리고, 그 나라를 다스리고자 하는 사람은 먼저 그 몸을 닦고, 그 몸을 닦고자 하는 사람은 먼저 그 마음을 바르게 하며, 그 마음을 바르게 하고자 하는 사람은 먼저 그 뜻을 진실하게 하고'(帝之與王, 其號名殊,

其所以爲聖一也. 傳曰, 古之欲明明德於天下者, 先治其國, 欲治其國者, 先齊其家, 欲齊其家者, 先修其身, 欲修其身者, 先正其心, 欲正其心者, 先誠其意.)라 하여, 『대학』을 인용함으로써 주목받았다.

한유를 이어서 이고(李皐, ?~844)의 대표적 저서인 『복성서(復性書)』에서 대학의 격물치지의 철학적 사유를 논함으로써 『대학』의 중요성이 강조되었고, 『자치통감』을 지은 사마광(司馬光, 1019~1086)이 『예기』에서 분리해 『대학』이라는 단행본을 탄생시켰다. 그 후 정호(程顥, 明道, 1032~1085)와 정이(程頤, 伊川, 1033~1107)는 『대학정본』을 저술하여 『대학』의 내용을 체계적이고 논리적으로 만들기 위해 문장을 재배열하였으며, 주희(朱熹, 晦庵, 1130~1200)는 정이천을 계승하여 자신의 체계에 맞춰 다시 정리하고 보충하여 『대학장구』라는 단행본이 탄생하였다.

송대(宋代)에 들어서면서 과거제도가 발달하여 과거에 급제한 자에게 『대학』과 『중용』 등을 천자가 하사하는 풍조가 생겨나면서부터 널리 읽히기 시작하였다.

원·명대에 이르러서는 주자의 『대학장구』가 과거시험을 위한 필독서가 되어 일반인들에게도 널리 읽히게 되면서 『대학』은 『논어』, 『맹자』, 『중용』과 함께 사서(四書) 중의 하나로 자리매김하게 되었다.

경 1장

대학지도(大學之道)

사람의 길을 열다

대학지도(大學之道)는 사람이 살아가야 할 하늘의 길을 밝힌 것이다. 하늘의 길을 따라 살아가는 사람은 군자(君子)이다. 이 땅에 살아가는 실존적 존재인 군자는 『중지곤괘(重地坤卦)』와 만나다. 곤괘(坤卦)의 곤원(坤元)은 만물을 낳고 하늘의 뜻을 계승하는 존재이고 땅님이다.

大學之道는 在明明德하며 在親(新)民하며 在止於至善이니라

대학(大學)의 도(道)는 밝은 덕을 밝히는 데 있으며, 백성을 새롭게 하는 데 있으며, 지선(至善)에 그치는 데 있다.

【심해(心解)】

대학의 길이란 큰 학문, 큰 배움의 길이다. 밝은 덕을 밝히는 것, 백성을 새롭게 하여 하나 되는 것, 지극한 선에 이르는 것 등의 삼강령과 사물을 바르게 보아 지(知)에 이르고, 뜻을 진실하게 하며, 마음을 바르게 하여 몸을 닦고 가정을 가지런히 하는 것, 나라를 다스리고 천하를 평안하게 하는 것 등의 팔조목을 배우는 것이 큰 학문이다.

『논어』에서는 '배우고 그것을 때때로 익히면 또한 기쁘지 아니한가?'(學而時習之 不亦說乎.)라 하여, 배운다는 것은 '본받는다'라는 뜻으로 먼저 자각한 선각자(先覺者)를 본받아 쉬지 않고 익혀 즐거움을 느낀다고 하였다.

대학(大學)은 위대한 학문으로, 대인(大人)의 학이고, 천학(天學)·성학(聖學)이다. 대(大)는 크다는 의미를 넘어선 하늘의

위대한 작용이다. 『주역』「계사상」 제6장에서는 '무릇 건(乾)은 그 고요함에 전일(專一)하고, 그 움직임에 곧은 것이라, 이로써 대(大)가 생기며'(夫乾, 其靜也, 專, 其動也, 直, 是以大生焉.)라 하여, 건도(乾道)의 작용을 대(大)로 밝히고 있다.

대사(大事)는 하늘의 일이며, 도(道)는 길로써 명덕(明德), 친민(親民), 지어지선(止於至善)은 대학지도의 세 가지 큰 줄기가 되는 삼강령(三綱領)이다.

명덕(明德)은 밝은 덕으로, 명(明)에 그 중심을 두고 있기에 명덕이라 하였으며, 명덕은 신명지덕(神明之德)이고, 일월지덕(日月之德)이다. 『주역』에서는 '상에서 말하기를 밝음이 땅 위로 나옴이 진괘(晉卦)이니, 군자가 이로써 스스로 밝은 덕을 밝히는 것이다'(象曰明出地上 晉 君子 以 自昭明德)라 하여, 자소명덕(自昭明德)으로 밝히고 있다. 명명덕(明明德)은 소명덕(昭明德)으로 앞의 '스스로 자'(自)는 본성을 더 분명하게 밝혀 '자득'(自得)하는 것이다. 즉, 하늘이 품부한 덕을 밝힌다는 것은 자신의 본성과 양심을 깨우치고 실천하는 것을 말한다.

신민(新民)은 백성을 새롭게 하는 것이며, 백성을 새롭게 하는 것은 바르게 다스리는 것으로, 친민(親民)을 신민(新民)으로 혼용하여 쓰고 있는데 이는 '백성을 친히 하다'는 뜻으로 같은 의미로 해석된다.

주희(朱熹)는 친(親)을 신(新)으로 해석하여 친민을 신민(新民), 즉

'백성을 새롭게 하다'로 적극적인 교화의 의미로 해석하였다. 이에 명나라 때의 왕양명은 주희의 '신민'에 대한 해석을 비판하면서 지도자는 백성에게 군림하는 것이 아니라 백성과 한 몸이 되어 내재적 도덕성을 유발하는 것이라 하여 친민으로 되돌려야 한다고 하였다. 지도자와 백성이 한 몸이 되어 본래의 모습을 회복하여 실천하면, 이상적인 사회가 되어 지선의 세계에 이르게 된다는 것이다. 지선에 도달함으로써 백성과 친하게 되고, 명덕을 밝히는 것을 일러 큰 학문이라고 한다.

『주역』에서는 '성인이 진리를 지어서 만물이 드러나게 되니, 하늘에 근본을 둔 사람은 위와 친하고, 땅에 근본을 둔 사람은 아래와 친하니'(聖人 作而萬物 覩 本乎天者 親上 本乎地者 親下)라 하여, 친(親)은 상하(上下)의 개념으로 밝히고 있다. 친함은 성인이 밝힌 진리에 따라 위와 아래의 질서가 있음이다. 즉, 지도자와 백성이 서로 친하다는 의미로, 성인의 진리로 백성을 새롭게 하는 것이라 하겠다.

또한 명덕(明德)과 신민(新民)은 유학의 궁극적 지향인 자신을 닦고 사람들과 함께하는 '수기치인'(修己治人)과 만나게 된다.

『논어』에서는 '자로가 군자에 대해 묻는 데, 공자께서 말씀하시기를 공경으로써 자기를 닦는 것이다. 말하기를 이와 같을 뿐입니까? 말하기를 자기를 닦고 사람을 편안하게 하는 것이다. 이와 같을 뿐입니까? 자기를 닦고 백성을 편안하게 하는 것이니, 자기를 닦고 백성을 편안하게 하는 것은 요순(堯舜)도 오히려 어렵게 여긴 것이다'(子路, 問君子, 子曰脩己以敬, 曰如斯而已乎. 曰脩己以安人, 曰如斯而已乎. 曰脩己以安百姓, 脩己以安百姓, 堯舜, 其猶病諸.)라 하여, 수기안인(修己安人)과 수기안백성(修己安百姓)을 논하고 있다.

『중용』에서는 '공자께서 말씀하시기를 배움을 좋아함은 지(知)에 가깝고, 힘써 행함은 인(仁)에 가깝고, 부끄러움을 아는 것은 용기에 가까운 것이다. 이 세 가지를 알면 몸을 닦는 것을 알고, 수신(修身)하는 것을 알면 사람을 다스리는 것을 알고, 치인(治人)하는 것을 알면 세상과 국가를 다스리는 것을 아는 것이다'(子曰好學, 近乎知, 力行, 近乎仁, 知恥, 近乎勇, 知斯三者, 則知所以修身, 知所以修身則知所以治人, 知所以治人則知所以治天下國家矣.)라 하여, 수신(修身)을 근거로 치인(治人)을 말하고 있다.

다음으로 지선(至善)은 지극한 선(善)으로, 선과 악을 넘어선 경지이다. 「계사상」 제5장에서는 '한 번 음하고 한 번 양하는 것을 도(道)라 하고, 그것을 계승한 것이 선(善)이고 그것을 완성한 것이 성(性)이다'(一陰一陽之謂道, 繼之者, 善也, 成之者, 性也.)라 하여, 천도인 음양작용을 계승한 것이 선성(善性)임을 밝히고 있다.

『맹자』에서는 '맹자께서 성선(性善)을 말씀하시되 반드시 요순을 일컬으시었다'(孟子道性善, 言必稱堯舜.)라 하여, 인간 본성의 선함이 지선(至善)임을 밝히고 있다.

또 그칠 지(止)는 『주역』에서 '간괘(艮卦)는 그침이니, 천시가 그치면 그치고, 천시가 행하면 행하여 움직임과 고요함에 그 때를 잃지 않는 것이 그 도(道)가 밝게 빛남이니 그 그침에 그치는 것은 그 하는 바에 그치기 때문이다'(彖曰艮 止也, 時止則止, 時行則行, 動靜不失其時, 其道 光明, 艮其止, 止其所也.)라 하여, 그침은 도가 밝게 빛나는 때를 말한다.

『주역』「계사상(繫辭上)」에서는 '오직 심오하기 때문에 천하의 뜻에 통할 수 있었으며, 오직 기미했기 때문에 천하의 일을 이룰 수 있다'(唯深也, 故能通天下之志, 唯幾也, 故能成天下之務.)라 하여, 「계사상」의 말씀처럼 신의 밝은 덕에 통한 다음에야 사물을 다스릴 수 있는 지혜가 열리는 것이다.

즉, 마음의 움직임이 있은 연후에 행동이 있게 되는 것이며, 그곳에 그친 이 세계가 '각각 성(性)과 명(命)이 바르게 되는'(各正性命) 인간이 추구해야 할 지어지선의 세계인 것이다.

주희는 지선(至善)을 '사물의 이치로써 마땅히 그렇게 해야만 하는 근본이나 궁극의 것'(事理, 當然之極也.)이라 하여, 천리(天理)의 극진함을 털끝만 한 인간의 사사로운 욕심이 없는 개인의 내면적 덕성의 문제로 풀이하였다.

그렇게 되면 '명명덕'이라는 개인의 내면적 차원에서 '친민'의 사회적 차원으로 확장하고, 다시 개인의 내면으로 귀결된다.

사물이 당연히 그래야 하는 이치는 최고의 경지인 스스로 그러한 자연의 질서에 부응하여 지극히 좋은 상태에 머무는 것이 지어지선의 이상적인 세상이 되는 논리이다.

따라서 대학지도(大學之道)는 궁극적으로 자기 본성의 밝은 덕을 밝혀 다른 사람을 새롭게 하여 함께 나아가고, 각자의 성(性)과 명(命)을 바르게 하여 이상적인 세상을 만들어 지선(至善)에 이르는 것이다.

知止而后에 有定이니 定而后에 能靜하며
靜而后에 能安하며 安而后에 能慮하며
慮而后에 能得이니라

그침을 안 이후에 정함이 있고, 정한 이후에 고요하고, 고요한 이후에 편안해지고, 편안해진 이후에 생각할 수 있고, 그 사려를 한 이후에 능히 얻을 수 있다.

【심해】

대학(大學)을 공부하는 과정으로 지(止)-정(定)-정(靜)-안(安)-

려(慮)-득(得)의 여섯 단계를 밝히고 있다. 즉, 나누면 여섯이고 합하면 하나인 이치이며, 또 이 여섯 가지는 성학(聖學)을 자득하여 자신의 의식 차원을 높여가는 단계라고 할 수 있다.

먼저 그칠 지(止)는 지어지선(止於至善)에서 지(止)가 아니고, 자신의 관념적 사유를 그치는 것으로 혼자의 상상력이나 수많은 정보의 홍수 속에서 생각을 멈추고 어떤 일에 대한 좋다거나 싫다는 선입견을 멈추고 있는 그대로를 바라봄을 의미한다.

관념적 사유의 대표적인 것이 현대철학 사조인 포스트모더니즘(postmodernism)이다. 경전을 무시하고, 성인을 무시하면서 자기 생각과 감각이 받아들이는 것을 진리라고 믿고, 한쪽으로 치우친 절름발이식의 그 무지한 사유는 진실로 그쳐야 한다.

『주역』「계사상」에서는 '진리는 생각이 없으며 함이 없어 고요하여 움직이지 않다가 감응하여 드디어 천하의 변고에 통하니 천하의 지극한 신이 아니면 누가 능히 이에 더불 수 있겠는가?'(易 无思也, 无爲也, 寂然不動, 感而遂通天下之故, 非天下之至神, 其孰能與於此.)라 하여, 군자는 진리를 자각하면서 자기의 관념적 사유로 생각하지 않으며, 자기 생각으로 조작하지 않아야 하며, 동(動)과 정(情)을 초월한 무사(无思), 무위(无爲)인 무아(无我)의 경지에 이르러야 진리를 얻고 심덕(心德)으로써 확신을 하게 된다.

정(定)은 면(宀)과 일(一), 지(止)로 이루어진 한자로, '정하다'라는 의미이지만 마음에 중심을 잡게 되는 것을 뜻하고, 마음이 집에서 하나로 정해져 세상의 잡다한 관념적 생각을 그치고, 성학(聖學)으로 삶의 방향을 정한다는 뜻이 있다.

「계사상」에서는 '하늘은 높고 땅은 낮으니 건곤(乾坤)이 정해지고'(天尊地卑, 乾坤, 定矣.)라 하고, '그 수를 다하여 드디어 세상의 상(象)을 정하니'(極其數, 遂定天下之象.)라 하여, 정(定)은 하늘의 진리가 정해짐으로 밝히고 있다.

고요할 정(靜)은 푸를 청(靑)과 다툴 정(爭)으로, 마음의 다툼을 그치고 하나로 방향을 정한 이후에 고요하게 됨을 이른다. 「중지곤괘(重地坤卦)」에서는 '지극히 고요하고 덕이 방정하니'(至靜而德方하니)라 하고, 「계사상」에서는 '대저 건도(乾道)는 그 고요함에 전일하고, 대저 곤도(坤道)는 그 고요함에 합하고'(夫乾, 其靜也專, … 夫坤, 其靜也 翕.)라 하여, 정(靜)은 마음이 움직이지 않는 고요한 상태이다.

편안할 안(安)은 집 면(宀)과 계집 녀(女)로, 마음에서 십일(十一)의 진리가 드러나게 되니 마음이 고요해지고, 고요하니 편안한 상태에 이르는 뜻이다. 「계사상」에서는 '흙에서 편안하여 인(仁)에서 돈독한 것이다. 그러므로 능히 사랑하는 것이다'(安土, 敦乎仁, 故 能愛.)라 하고, '씀을 이롭게 하고 몸을 편안하게 함은 덕을 숭상하는 것이니'(利用安身, 以崇德也.)라 하여, 편안함은 덕을 숭상하고 능히 사랑하는 힘이 되는 것이다.

생각할 려(慮)는 범 호(虍)와 생각 사(思)로 사려(思慮)이며, 편안한 이후에 성인의 말씀을 헤아릴 수 있는 것이다. 「계사하」에서는 '공자께서 말씀하시기를 세상이 무엇을 생각하고 무엇을 염려(念慮)하겠는가? 세상은 같은 곳으로 돌아가고 다른 길이며 일치(一致)하지만 백 가지로 생각하니 세상이 무엇을 생각하고 무엇을 염려하겠는가?'(子曰天下, 何思何慮, 天下, 同歸而殊塗, 一致而百慮, 天下, 何思何慮.)라 하여, 일반적인 생각의 사(思)와 다른 근심과 염려하는 생각으로 밝히고 있다.

얻을 득(得)은 '자득'(自得)하는 것으로, 성인의 말씀을 사려한 이후에 마음에서 스스로 구하여 얻게 된다. 「계사상」 등에서는 '쉽고 간단함이 세상의 이치를 얻은 것이니'(易簡而天下之理, 得矣.), '뒤에 하면 주인을 얻어 상도(常道)가 있으며'(後, 得主而有常.), '주를 얻어서 떳떳함이 있다'(得主而有常), '중심에서 얻다'(中心得) 등 진리를 자득(自得)으로 밝히고 있다.

특히 이후(以後)나 이후(而後)가 아니라 '이후'(而后)를 사용하고 있음에 유의해야 된다. 뒤 후(後)는 선후(先後)의 의미로 순서가 있는 것이라면, 임금 후(后)는 동시 작용이자 일체적인 의미를 가지고 있다. 후(后)는 하늘의 뜻을 실천하는 사람으로, 하늘의 인격적 마음과 합덕되는 의미가 있다. 즉, 지(止)－정(定)－정(靜)－안(安)－려(慮)－득(得)은 여섯 단계이면서 동시작용임을 알 수 있다. 『정역(正易)』에서는 '하도와 낙서의 이치는 후천이고 선천이고'(圖書之理, 后天先天.), '후천무극'(后天无極), '선천이고 후천이다.'(先天而后天)라 하여, 하늘과 사람이 합덕된 의미로 후(后)를 사용하고 있다.

『대학』을 공부하는 큰 뜻은 넓게 보면 의식의 차원을 높이기 위함으로, 각자의 성(性)과 명(命)을 바르게 하는 것이 전제되어야 한다. 밖으로 향하는 욕망을 그치고, 내면에서 안정되면, 마음은 고요하게 가라앉아 편안해지게 된다. 몸이 편안한 상태라야 모든 사물을 뚜렷하고 사려 깊게 통찰할 수 있게 되어 자신의 영적(靈的) 차원을 높이는 길을 가게 되는 것이다.

物有本末하고 事有終始하니 知所先後면 則近道矣리라

물(物)에는 근본과 말단이 있고, 일(事)에는 마침과 시작이 있으니, 먼저 하고 뒤에 하는 것을 알면 도(진리)에 가까운 것이다.

【심해】

『대학』은 『서경(書經)』의 정치원리를 계승하여 군자가 실천해야 할 삶의 이치를 밝히고 있는데, 이 문장은 왕도정치의 근거가 되는 철학적인 내용을 담고 있다.

물건 물(物)은 단순히 만물을 나타낼 뿐만 아니라 '근본과 말단'이 있는 '일'의 의미가 있다. 우리가 어떤 일을 할 때 근본이 있고, 말단이 있기 마련인데 『대학』의 삼강령(三綱領)을 따르는 것은 근본이 되고, 사람의 세속적 욕망을 좇는 것은 말단이 된다. 물(物)을 단순히 대상 사물(事物)이나 만물로 이해한다면, 근본과 말단이 있다고 하지는 못할 것이다.

본말(本末)에 대해 주희는 '명덕(明德)은 근본이 되고 신민(新民)은 말단이 되며, 지지(知止)는 시작이고 능득(能得)은 마침이 되니, 근본과 시작은 먼저 해야 할 것이고, 말단과 마침은 뒤에 해야 할 것이라'고 하였다. 하지만 명덕과 친민은 분리되어 생각할 수 없는 것이며, 명명덕하면 친민은 저절로 이루어지는 것으로 큰 학문의 길인 명덕, 친민, 지선을 따르는 것은 근본이 되고 사람이 세속적 욕망을 따르는 것은 말단이 되는 것이다.

팔조목(八條目)의 첫 번째 조목이 '격물'(格物)이기 때문에 물(物)의 의미를 올바로 파악하는 것이 『대학』을 풀이하는데 매우 중요하다.

물(物)은 『주역』에서 밝힌 것을 근거로 하지 않으면 안 된다.

『주역』에서는 물(物)을 '신물'(神物), '시물'(時物), '만물'(萬物), '품물'(品物)로 밝히고 있다. 신물(神物)은 하도낙서(河圖洛書)로 수리(數理)를 통해 역도(易道)를 표상한 것이고, 시물(時物)은 육효중괘(六爻重卦)로 괘효(卦爻)를 통해 역도를 표상한 것이다.

「계사상」에서는 '이로써 하늘의 도에 밝고 백성의 연고를 살펴서 이에 신물(神物)을 일으켜 백성들보다 앞서서 사용하니'(是以明於天之道而察於民之故, 是興神物, 以前民用.), '하늘이 신물을 내시거늘 성인이 법 받았으며 …… 하수에서 도(圖)가 나오고 낙수에서 서(書)가 나오니 성인이 법 받았으니'(天生神物, 聖人, 則之, …… 河出圖, 洛出書, 聖人, 則之.)라 하여, 신물(神物)은 천도(天道)이고, 하도와 낙서임을 밝히고 있다.

또 「계사하」 에서는 '육효가 서로 섞여 있음은 오직 시물(時物)인 것이다'(六爻相雜, 唯其時物也.)라 하여, 시물(時物)은 육효중괘(六爻重卦)인 것이다.

따라서 신물(神物)과 시물(時物)은 진리를 표상하는 물(物)로써 근본이 되고, 만물과 품물은 세상에 드러난 모든 것들로 말단이 된다.

다음으로 일 사(事)는 일인데, 마치면 시작이 있다는 것에서 본질적인 의미를 생각하게 된다. 사(事)에 대해 『주역』에서는 '변화에 통하는 것을 사(事)라 하고'(通變之謂 事)라 하여, 하늘의 변화 원리를 아는 것이라 하였고, '그 일은 베풀고 숨으니'(其事, 肆而隱.)라 하여,

'일'에는 드러나고 숨는 체용(體用)이 있는데, 이는 '일'이라는 것이 단순한 업무가 아니라 '하늘의 일'이고, '진리의 일' 임을 알 수 있다.

또 종시(終始)에 대해 『주역』에서는 '마치면 곧 시작이 있음은 하늘의 운행인 것이다'(終則有始, 天行也.)라 하고, '마침과 시작을 두려워함은 그 요체가 허물이 없음이니 이것을 역도(易道)라고 한다'(懼以終始, 其要无咎, 此之謂易之道也.), '종시(終始)를 크게 밝히면 여섯 위가 천시로 이루어지니'(大明終始, 六位時成.)라 하여, 천행(天行)과 역도(易道)의 작용임을 밝히고 있다.

『서경(書經)』에서는 '마침과 시작은 오직 하나이니, 천시로 이에 날마다 새롭게 하는 것이다'(終始惟一, 時乃日新.)라 하여, 마침과 시작은 하나라 하고, '오직 가르침은 배움의 절반이니, 마침과 시작을 생각하여 배움에서 법으로 하는 것이다'(惟斅, 學半, 念終始, 典于學.)라 하여, 배움에는 종시를 법으로 삼아야 함을 말하고 있다.

『주역』과 『서경』 등 선진유학 경전에서는 종시(終始)로 밝히고, 시작하면 마치는 시종(始終)으로 논하지는 않는다. 시종(始終)과 종시(終始)는 전혀 다른 차원의 문제이다. 마치면 곧 시작하는 종시(終始)는 영원한 현재인 순간으로, 본질적 시간의 의미라면, 시작하면 마치는 시종(始終)은 현상세계에 전개되는 시간이다.

따라서 '일에는 마침과 시작이 있다' 함은 곧 하늘의 일은 종시(終始)의 변화로 순간을 통해 드러나게 됨을 의미한다. 즉, 시작에 근원하여 마침으로 돌아가는 것은 시작에서 마침으로 전개되는 변화의 과정이다. 우리의 삶은 삶과 죽음이 없는 매 순간순간으로 이루어지지만, 그것이 현상 세계에서는 변화의 과정으로 삶과 죽음이 전개되는 것이다.

다음으로 먼저하고 뒤에 하는 선후(先後)와 도(道, 진리)를 밝히고 있다. 물(物)의 본말(本末)과 사(事)의 종시(終始)에서 선후(先後)를 알면 진리에 가까운 것이다. 물의 근본을 먼저하고 말단을 뒤에 하는 것이며, 사(事)에서는 종시(終始)를 먼저하고, 시종은 뒤에 하는 것으로 이것이 진리에 가깝다고 할 수 있다.

「계사상」에서는 '한 번 음으로 작용하고, 한 번 양으로 작용하는 것을 도(道)라 하고, 계승한 것을 선(善)이라 하고 이룬 것을 성(性)이라 한다'(一陰一陽之謂道, 繼之者, 善也, 成之者, 性也.)라고 하여, 도(道)는 인간의 선(善)과 성(性)으로 드러나는 것이다. 선은 덕과 짝하고(易簡之善, 配之德.), 성(性)은 마음(心)과 생(生)으로 마음을 낳는 본성이다. 또한, 인간 본성에 내재되어 있던 덕(德)은 인(仁)과 지(知)로 드러난다.(仁者, 見之 謂之仁, 知者, 見之 謂之知.) 따라서 학문하는 사람은 지어지선(止於至善)을 목표로 자신의 본성을 밝히는 명명덕(明明德)을 통해 도(道)에 이르게 되는 것이다.

古之欲明明德於天下者는 先治其國하고 欲治其國者는 先齊其家하고 欲齊其家者는 先修其身하고 欲修其身者는 先正其心하고 欲正其心者는 先誠其意하고 欲誠其意者는 先致其知하니 致知는 在格物하니라

옛날에 세상에서 자신의 밝은 덕(본성)을 밝히고자(평천하)하는 자는 먼저 그 나라를 다스리고, 그 나라를 다스리고자 하는 자는 먼저 그 가정을 가지런히 하고, 그 가정을 가지런히 하고자 하는 자는 먼저 자신을 닦고, 그 몸을 닦고자 하는 자는 먼저 그 마음을 바르게 하고, 그 마음을 바르게 하고자 하는 자는 먼저 그 뜻을 진실하게 하고, 그 뜻을 진실하게 하고자 하는 자는 먼저 그 지혜에 이르러야 하고, 그 지혜에 이르고자 하는 자는 그 물(物)을 바로 잡아야 하는 것이다.

【역해】

『대학』의 팔조목(八條目)이다. 격물(格物)-치지(致知)-성의(誠意)-

정심(正心)-수신(修身)-제가(齊家)-치국(治國)-평천하(平天下)의 순서가 아니라, 천하로 시작하여 격물(格物)로 마치고 있다. 이는 순(順)의 작용이다. 명명덕(明明德)을 하면 곧 이것이 평천하(平天下)와 하나가 되는 것이다. 팔조목(八條目)은 차례대로 되는 것이 아니라 동시임을 밝힌 것이다.

'옛날(古)'이라는 때는 『대학』에서 말하는 이상사회가 실현되었던 시기로 역사적으로 요·순 시대를 일컫는다. 성인(요·순)의 정치가 행해지던 시절에는 큰 학문의 도는 위에서 아래로 펼쳐지는 순(順)의 작용으로 명명덕(明明德) 하면 곧 평천하와 하나가 되는 것이다. 즉, 백성들 각자의 밝았던 덕을 천하에 모두 밝히면 제후가 통치하는 각 나라가 잘 다스려지며 가(家)가 안락하게 되어 스스로 자신의 몸을 닦아 마음을 바르게 수양하여 뜻을 진실하게 하며, 올바른 지혜를 이루어 모든 사물의 존재 원리를 인식하게 된다.

이러한 이상사회가 이루어지기 위해서는 모든 백성이 먼저 사물을 인식하여 지혜에 이르고 뜻이 진실하게 되어 마음과 몸이 저절로 바로잡혀 집안이 안락하게 되고 나라 또한 저절로 다스려져 천하는 저절로 화평해지는 것이다.

큰 배움의 길은 위에서 아래로(평천하에서 격물에 이르다) 혹은 아래에서 위로(격물에서 평천하에 이르다) 펼쳐지는 것은 선후가 있는 것이 아니라 격물이 되면 평천하가 되는 동시작용으로 이루어지는 것이다.

유학의 학문을 이야기할 때, '격물치지'(格物致知)를 한다고 한다. 격물치지(格物致知)는 도학(道學) 공부의 핵심적 의미를 담고 있다. 주희(朱熹)는 격물(格物)을 해설하면서, '격(格)은 이르는 것이고, 물(物)은 일과 같다'(格, 至也. 物, 猶事也.)라 하여, 사물에 나아가는 것이라 하였고, 왕수인(王守仁)은 '격(格)은 바른 것이다'(格, 正也.)라 하여, 사물을 바르게 하는 것이라 하였다. 왕수인은 격물(格物)에 대한 새로운 해석을 통해 성리학을 벗어나고자 한 것이다. 주희와 왕수인의 격물(格物)에 대한 해석은 별반 차이가 없다. 사물에 나아가든, 사물을 바르게 하든지 모두 '격'(格)에 초점이 맞춰져 있다.

이제마(1837~1900)는 격물(格物)에서 핵심 개념은 격(格)이 아니라 물(物)임을 밝히고 있다. 그는 『격치고』에서 사상철학의 핵심 개념인 사상(四象)을 사·심·신·물(事心身物)로 정의하고 있다. 사(事)와 물(物)은 물유본말(物有本末)과 사유종시(事有終始)에 근거하고 있고, 팔조목에서 격물(格物)의 물(物)을 의미한다. 심(心)과 신(身)은 팔조목에서 정심(正心)과 수신(修身)에 근거를 두고 있다.

사(事)는 종시로 전개되는 하늘의 운행이고, 물(物)은 본말이 있는 땅에 펼쳐지는 것이고, 심(心)과 신(身)은 사람의 마음과 몸을 의미하는 것이다. 즉, 사람은 하늘과 땅의 가운데에서 몸과 마음을 가지고 존재하는 것이다. 『주역』의 천·인·지(天人地) 삼재지도(三才之道)에 근거를 두면서 사람을 중심으로 밝힌 것이다.

또 물(物)은 소 우(牛)와 말 물(勿 = 勹 + 二)로, 땅에서 음양의 이치로 존재하는 것들로 대상 사물을 의미할 뿐만 아니라 그것을 뛰어넘어 신물(神物)이고 시물(時物)이 된다. 따라서 격물(格物)은 대상 사물의 이치를 궁구하는 것뿐만 아니라 진리를 드러내는 존재로 『주역』의 하도·낙서와 육효중괘를 의미하며, 시물(時物)과 신물(神物)로 나아가게 된다.

치지(致知)는 '지(知)에 이르다'의 뜻으로 치(致)는 지(至)이다. 「중천건괘」에 '지극함을 알아서 그것에 이르다'(知至至之)라 하여, 가장 깊은 진리를 알아가는 것이라고 할 수 있다. 지(知)는 지식이나 지혜의 의미도 있지만, 사덕(四德)의 근원이 되는 지성(知性)으로 이해되며, 사덕(四德)에서 지(知)는 사람의 본성인 신명성(神明性)이다.

성의(誠意)는 진실로 성(誠)과 뜻 의(意)로, '뜻을 진실하게 한다'의 의미이다. 성(誠)은 보통 정성으로 해석하지만, 본서에서는 '진실'(眞實)의 뜻으로 해석하고자 한다. 성(誠)은 언(言) + 성(成)으로 성인의 말씀이 이루어지는 것이고, 의(意)는 설 립(立)과 가로 왈(曰), 심(心)으로 '바로 세운 마음의 뜻'이다.

「설괘(說卦)」에서는 '만물이 마침을 이루고 시작을 이루는 것이기 때문에 그러므로 간괘(艮卦)에서 말씀이 이루어진다고 하는 것이다'(萬物之所成終而所成始也, 故 日成言乎艮.)라 하여, 성(誠)을 성언(成言)으로 풀이하면서 간군자(艮君子)에서 성인의 말씀이 이루어짐을 밝히고 있다. 「중천건괘」에서는 '삿됨을 막고 그 진실을 보존한다'(閑邪存其誠), '성인의 말씀을 닦고 그 진실을 세우는 것이 덕업(德業)에 거처하는 것이다'(修辭立其誠, 所以居業也.)라 하여, 성(誠)은 진리의 작용으로 풀이된다.

『중용』에서는 '성(誠)이라는 것은 하늘의 도이고, 성(誠)을 하는 것은 사람의 도이니, 정성은 힘쓰지 않아도 적중하며 생각하지 않아도 얻어서 용(容)을 좇고 도에 적중하니 성인이고, 정성스럽게 하는 것은 선을 택하여 굳게 잡는 것이다'(誠者, 天之道也, 誠之者, 人之道也, 誠者, 不勉而中, 不思而得, 從容中道, 聖人也, 誠之者, 擇善而固執之者也.)라 하고, '오직 천하에 지극한 정성이어야 능히 그 본성을 다할 수 있으니, 그 본성을 다하면 능히 다른 사람의 본성을 다하고'(惟天下至誠, 爲能盡其性, 能盡其性則能盡人之性.)라 하여, 성자(誠者)와 성지자(誠之者)를 구분하고, 지성(至誠)을 밝히고 있다. 『중용』의 성(誠)은 『주역』에 연원을 둔 것으로, 성자(誠者)는 천도(天道)이자 성인인 것이다.

또 『맹자』에서는 '성(誠)이라는 것은 하늘의 도이고, 성(誠)을 생각하는 것은 사람의 도이다'(誠者, 天之道也, 思誠者, 人之道也.)라 하여, 성자(誠者)와 사성(思誠)으로 논하고 있다.

다음 정심(正心)은 마음을 바르게 함이며, 정(正)은 한 일(一)과 그칠 지(止)로 하늘의 마음에 나의 마음이 그쳐있는 것이다. 바를 정(正)은 행동이 방정(方正)하다고 하여, 밖으로 실천하는 바름이라면, 정심(正心)의 곧을 정(貞)은 내면의 바름이다.

수신(修身)은 닦을 수(修)와 몸 신(身)으로, 신(身)은 육신(肉身)과 함께 심신(心身)의 의미를 포괄하고 있다. '몸을 닦는다'는 것은 곧 '마음을 닦는다'는 의미로 정심, 성의는 수신의 다른 표현이기도 하다. 『주역』에서는 '군자가 덕에 나아가 사업을 닦는다'(君子, 進德修業), '멀리 가지 않아서 돌아옴은 몸을 닦는 것이다'(不遠之復, 以修身也.), '덜어냄은 덕의 닦음이고'(損, 德之修也.), '몸으로 돌아가 덕을 닦는다'(反身脩德)고 하여, 자신의 덕과 몸을 닦는 것이다.

『논어』에서는 '공경으로써 자기를 닦고, 자기를 닦아 사람들을 편안하게 하며, 자기를 닦아 백성을 편안하게 하는 것이다'(子曰脩己以敬. 曰如斯而已乎? 曰脩己以安人. 曰如斯而已乎? 曰脩己以安百姓.)라 하여, 유학의 궁극적 지향인 수기안인(脩己安人), 수기안백성(脩己安百姓)을 밝히고 있다.

제가(齊家)는 가지런할 제(齊)와 집 가(家)로, '가정을 가지런히 하다'라는 뜻으로 집은 하늘의 은택이 온전한 곳으로, 그곳을 하늘의 뜻과 가지런히 함을 의미한다. 집 가(家)는 집 면(宀)과 돼지 시(豕)로, 일정한 공간에 돼지가 모여 있는 것이다. 시(豕)도 그냥 돼지가 아니라 하늘의 중정지기(中正之氣)인 감괘(坎卦, ☵)를 상징하기 때문에 집은 하늘의 진리가 온전히 드러난 세계인 것이다. 천국(天國)은 다른 곳이 아닌 바로 지금 여기에 있는 국가(國家)이다.

「풍화가인괘(風火家人卦)」에서는 '아버지가 아버지답고 자식이 자식답고 형이 형답고 아우가 아우답고 남편이 남편답고 아내가 아내다우면, 가정의 도가 바를 것이니, 가정이 바르면 세상이 안정되는 것이다'(父父子子兄兄弟弟夫夫婦婦而家道, 正, 正家而天下, 定矣.)라 하여, 가정의 도를 바르게 하는 것이 곧 평천하(平天下)로 가는 바른 길이며, 유학의 정명(正名) 원리임을 밝히고 있다.

「중지곤괘(重地坤卦)」에서는 '선을 쌓는 집안은 반드시 나머지 경사가 있고, 불선(不善)을 쌓는 집안에는 반드시 나머지 재앙이 있는 것이다'(積善之家 必有餘慶 積不善之家 必有餘殃)라 하여, 집을 가지런히 함은 선(善, 진리)을 쌓아가는 것과 그 뜻을 같이 한다.

치국(治國)은 다스릴 치(治)와 나라 국(國)으로, 몸과 마음의 나라를 다스림이고, 치(治)는 물 수(氵)와 나 태(台)로, '하늘의 진리로 자신을 다스린다'로 이해할 수 있다.

나라 국(國)은 큰 입 구(囗)와 창 과(戈), 입 구(口), 한 일(一)로, 한 사람이 창을 들고 지키는 영토라고 하지만, 과(戈)에 중요한 의미가 있다. 과(戈)는 그냥 창이 아니라 『주역』에서 땅의 중정지기(中正之氣)인 이괘(離卦, ☲)를 상징하는 것이다. 즉, 국(國)은 이 땅에 진리가 온전히 펼쳐지는 장(場)인 것이다.

동양철학에서 국가는 사람이 자신의 본성을 자각하고 실천하는 인격적 삶의 장(場)이다. 『성경』에서 천국(天國)의 의미도 여기서 찾아지게 된다. 죽어서 가는 하나님의 나라가 아니라 지금 여기에서 사랑을 실천하며 살아가는 실존의 천국(天國)이 된다.

국가(國家)는 지배와 피지배의 계약과 합의에 따른 집단이 아니라, 사람이 하늘의 뜻에 맞게 살아가기 위해서 반드시 필요한 터전이다. 이것이 『대학』의 팔조목에서 밝힌 근본이다. 서양철학에서 국가는 근대 계몽주의 관념에 근거한 자연법사상과 사회계약론에 따라 형성된 것으로 이야기한다.

특히 국가(國家)에 대한 형이상적 의미를 망각한 사회사상인 무정부주의(無政府主義, anarchism)는 공산주의 이데올로기에 경도된 것이다. 『대학』에서 밝힌 수신·제가(修身齊家) 치국·평천하(治國平天下)를 버리고, 사람이 사람답게 살 수 있는 길을 찾을 수 없다.

평천하(平天下)는 나와 나를 둘러싼 모든 것들을 공평(公平)하게 하는 것이며, 더 나아가 공평함을 지향하는 이상세계를 뜻하기도 한다.

평평할 평(平)은 두 이(二)와 여덟 팔(八)·곤(丨)으로, '음양(陰陽)의 질서에 맞게 고르게 한다'라는 의미를 지닌다. 똑같이 하는 것이 평등(平等)이 아니고 존재하는 것들의 의미에 맞게 고르게 하는 것이 평(平)이고, 가지런할 등(等) 역시도 등급에 맞게 가지런히 함을 의미한다.

『주역』에서는 '평평한 것은 기울어지지 않음이 없으며 감은 돌아오지 않음이 없으니'(无平不陂, 无往不復), '그 삶을 봄은 뜻이 아직 평평하지 않은 것이다'(觀其生, 志未平也.)라 하여, 평(平)은 하늘의 작용과 뜻이 고른 것이라 하였다. 또 '성인이 인심(人心)에 감응하여 세상이 화목하고 평화로운 것이니'(聖人, 感人心而天下, 和平.), 또 '만물을 저울질하여 고르게 베풀다'(稱物平施)라 하여, 성인의 가르침을 통해 세상을 고르게 하는 것이다.

物格而后에 知至하고 知至而后에 意誠하고 意誠而后에 心正하고 心正而后에 身修하고 身修而后에 家齊하고 家齊而后에 國治하고 國治而後에 天下平이니라

물(物)에 나아간 이후에 지혜에 이르고, 지혜에 이른 이후에 뜻을 진실하게 하고, 뜻을 진실하게 한 이후에 마음을 바로 하고, 마음을 바로 한 이후에 몸을 닦고, 몸을 닦은 이후에 가정을 가지런히 하고, 가정을 가지런히 한 이후에 나라를 다스리고, 나라를 다스린 이후에 천하가 평안한 것이다.

【심해】

물격(物格)－지지(知至)－의성(意誠)－심정(心正)－신수(身修)－가제(家齊)－국치(國治)－천하평(天下平)의 팔조목을 역(逆)의 입장에서 논하고 있다. 여기서 우리는 물(物)과 지(知), 의(意), 심(心), 신(身), 가(家), 국(國), 천하(天下)를 앞에 서술한 뜻을 생각해야 한다.

격물(格物)에서는 물(物), 치지(致知)에서는 지(知), 성의(誠意)에서는 의(意), 정심(正心)에서는 심(心), 수신(修身)에서는 신(身), 제가(齊家)에서는 가(家), 치국(治國)에서는 국(國), 평천하(平天下)에서는 천하(天下)가 중요한 문제인 것이다. 뒤에 오는 한자가 팔조목을 이해할 수 있는 열쇠가 된다.

격물(格物)·치지(致知), 성의(誠意)·정심(正心), 수신(修身)이 일신(一身)의 문제라면, 제가(齊家)·치국(治國)·평천하(平天下)는 자신으로부터 확장된 문제로 사람이 사람다운 삶을 살기 위해서는 이 팔조목을 실천하며 살아가야 한다.

근대 계몽주의의 자연법과 사회계약론에 근거한 국가의 기원은 국가에 대한 본질적 의미를 놓치고 있다. 자연법과 사회계약론에 근거한 국가는 원시 사회에 살던 원시인들은 폭력과 약탈, 강간, 살인 등으로 모두 위태로운 지경에 있기 때문에 특정한 사람을 지배자로 하고, 또 다른 사람은 피지배자로 하는 자연스러운 질서가 생기면서 발생하였다는 것이다. 여기서 지배자와 피지배자의 관계가 성립되면서 암묵적인 계약이 형성되었고, 이 계약에 의해 국가사회가 형성되었다는 것이다.

이것이 확장되어 현대의 국가도 사회계약론에 기초하고 있다. 한 사람이 결혼을 해서 아이를 낳으면 출생신고를 하게 되는데, 이 출생신고를 곧 국가와 개인의 간접적 계약으로 간주하는 것이다.

자연법과 사회계약론에 근거한 국가는 현상적인 입장에서 이해한 것이다. 우리나라가 일제 식민지 시대에 자유로운 국가를 건립하고자 목숨을 바쳐 독립운동을 한 것은 무엇 때문인가? 국가는 단순히 자연법과 사회계약론을 넘어선 뜻을 가지고 있기 때문이다.

예를 들면, 우리 한민족(韓民族)은 그 시원을 고조선(古朝鮮)을 건국한 단군(檀君)에게 두고 있다. 단군 이전에는 사람들이 없었는가? 그렇지 않다. 그러면 왜 단군을 우리 민족의 시원으로 여기는지 생각해 보아야 한다. 자연법과 사회계약론으로 보면, 원시 사회에 살던 원시인들이 지배자와 피지배자로 계약하면서 국가사회가 형성된 것이 고조선이지만, 그 속에는 본질적 의미가 있다.

단군은 하나님인 환인(桓因)의 아들 환웅(桓雄)과 곰이 사람이 된 웅녀(熊女)가 합해져서 탄생한 존재이며, 여기에 본질적 뜻이 들어 있다. 원시인으로 살던 웅녀(熊女)나 그 외의 원시인을 우리 민족의 시원으로 하지 않고, 단군을 시원으로 하는 것은 바로 하나님의 아들인 환웅(桓雄)이 있기 때문이다. 단군은 그냥 원시인이 아니라 하늘성 내지 신명성(神明性), 영성(靈性)을 자각한 사람이다. 여기서 원시인과 하늘의 뜻을 자각한 단군이 태어나면서, 원시사회와 국가사회가 나누어지게 된다. 즉, 국가(國家)는 하나님의 아들인 환웅의 뜻이 드러나는 세계이다. 하늘의 뜻이 드러나고, 그 뜻을 실천하는 장이 바로 국가이다.

따라서 국가의 형성은 단순히 자연법이나 사회계약의 입장에서만 볼 것이 아니라, 철학적 입장에서 보면 사람이 자신에게 주어진 하늘의 마음을 실천하는 인격적 장이 된다.

우리는 세상에 태어남과 동시에 가정과 국가를 만나게 된다. 가정이 없고, 국가가 없다는 것은 사람이 자신의 인격적 삶을 살아갈 길이 없는 것이다. 『대학』의 팔조목의 위대한 뜻이 여기에 있다.

국가(國家)를 형이상학적 입장에서 보면, 사람이 자신에게 주어진 하늘의 마음을 실천하는 인격적 장(場)이 되는 것이다. 국가가 없다는 것은 자신의 인격적 삶을 살아갈 곳이 없다는 것이다. 국가나 가정이 사람의 필요에 따라 만든 집단이라면, 그 필요성이 없어지면 사라져도 된다는 논리가 된다. 그러나 도학(道學)의 입장에서는 절대로 그렇지 않다. 사람이 하늘의 뜻을 자각하고, 사람답게 살기 위해서는 반드시 있어야 한다.

단군과 웅녀의 차이를 개인의 삶의 문제로 이해하면, 욕망과 탐욕으로 살던 사람이 '나는 만물과 달리 하늘의 마음을 가진 존재'라는 것을 자각한 것이다. 단군은 단순히 반만년 전 역사적 사실에만 머물러 있는 것이 아니라, 지금 여기에서 내가 웅녀로 살아갈 것인지, 단군으로 살아갈 것인지를 결단해야 하는 철학적 의미가 있다.

원불교의 『정전』과 『대종경』에는 '그 불법을 활용함으로써 개인·가정·사회·국가에 도움을 주는 유용한 사람이 되자는 것이며' 등 국가(國家)에 대한 말씀이 있다. 사은(四恩)의 동포은에서는 '국가와 국가끼리 평화하여 결국 상상하지 못할 이상의 세계'라 하고, 법률에서는 '국가에 있어서 국가를 다스리는 법률과 … 국가에 비치면 국가가 도움을 얻을 것이요'라 하였다. 또 사요(四要)의 자력 양성에서는 '가정이나 국가에 대한 의무와 책임을 동등하게 이행할 것이요'라 하고, 타자녀 교육에서는 '국가나 사회에서도 교육 기관을 널리 설치하여'라 하여, 국가 사회의 의미를 밝히고 있다.

특히 『정산종사법어』에서는 제1부 세전(世典)에 '제6장 국가(國家)'의 항목을 두어, 국가에 있어서는 치교(治敎)의 도와 국민의 도가 있어야 하며, '국가에 대하여', '국민의 도'를 구체적으로 밝히고 있다. 즉, 국가는 잠시도 나와 떨어져서 존재하는 것이 아니고, 필요에 의해서 만들어진 것이 아니기 때문에 국민의 도(道)에서 '국법을 존중하고, 국민의 의미를 이행하고, 직업의 영역에서 봉공하고, 합심 단결하라'고 한 것이다.

또한 가정(家庭)의 문제도 다시 생각하게 된다. 전통적인 가정의 붕괴로 일인(一人) 가족, 동성(同性) 가족 등 다양한 가족의 형태가 아름다운 행위라고 생각하는 사람이 있지만, 결국에는 사람의 영혼을 파괴하고 하늘의 뜻을 파괴하는 것이라 하겠다.

성인(聖人)을 일반 사람과 같이 생각하고, 성인의 말씀을 기록한 경전(經典)을 부정하여, 자신이 생각하고 느끼는 것이 진리라고 생각하는 포스트모더니즘에서 보면, 『대학』의 팔조목(八條目)은 아무런 의미가 없다.

가정의 경우도 사회계약론을 근거로 이해하고 있다. 즉, '역사의 궁극적 요인은 인간이 삶을 유지할 목적으로 하는 생산과 재생산이며, 이 둘은 의식주의 대상과 그에 필요한 도구를 생산하는 것과 인간 자체의 생산 곧 번식으로 나뉜다. 전자를 통해서는 사유재산이, 후자를 통해서는 씨족이 생겨났다. 이 둘을 결합하기 위해 탄생한 것이 가족이며, 그래서 가족이 사회와 국가의 기원을 이룬다.'(엥겔스, 『가족, 사유재산 및 국가의 기원』)는 것이다. 이러한 가족 내지 가정에 대한 편견은 우리의 삶을 파괴하게 된다.

가정의 본질에 대한 이해는 본질직관(本質直觀)에 의한 가정이라고 한다. 즉, 사람은 누구나 어머니를 필요로 한다. 인간은 본래부터 가정과 관계를 맺고 있다. 가정은 인간의 터전으로서 인간의 온갖 정신활동과 문화 활동의 기반이다. 가정은 사람을 살리고 사람을 사람답게 살게 하는 거룩한 곳이다. 가정은 인간이 필요해서 만들어낸 것이 아니며 가정은 존재론적으로 항존(恒存)해야 하는 것이다.

또한 사회 존재론에 의한 가정의 이해도 있다. 사회성은 인간의 본성이라는 말속에 이미 인간의 사회성은 존재론적으로 존재하는 뜻이다. 인간의 사회제도는 인간이 필요해서 만든 제도가 아니라 인간에게 본질적으로 주어져 있다는 의미가 된다. 인간의 사회성이 가장 잘 드러나는 곳이 가정이며, 가정도 인간이 필요해서 만들어낸 산물이 아니라 본래 존재한다는 뜻이다. 가정은 이해관계를 초월하여 서로 믿고 의지하면서 살아가는 인격공동체로서 총체인격(總體人格, Gesamtperson)이다. 부자(父子) 관계는 인간의 본성에 의해 이루어진 것이지 후천적으로 만들어진 것이 아니다.

따라서 참된 가정은 사랑과 정의의 완전한 융합을 이룩하는 장소이다. 올바른 아버지는 자녀에게 순종할 것을 요구해야 함을 알고 있으며, 또 올바른 자녀는 부모에게 순종할 것을 알고 있다. 다만 타락한 자녀만이 어버이에 대한 순종이 사랑과 배치된다고 생각할 뿐이며, 또한 사랑 없는 비정상적인 아버지만이 자기의 권위가 그의 사랑을 무시해도 좋을 것처럼 잘못 생각하고 잘못 처신하고 있다. 아버지, 어머니와 자녀 간에 나오는 정의와 사랑의 풍부한 관계 속에서 참으로 무궁무진한 가정의 신비스러운 뜻이 깃들어 있다.

제가(齊家)의 본질적 의미는 하늘의 인격적 뜻을 대행하는 아버지와 땅의 인격적 뜻을 대행하는 어머니의 사랑이 한 생명을 잉태하듯이 아버지와 어머니의 사랑이 가득한 조화로운 가정 속에서 아이를 기르는 것은 천지(天地)와 음양(陰陽)의 이치에 근거한 것이다.

또한 『대학』의 팔조목(八條目)을 세 부분으로 구분해서 볼 수 있다. 『맹자』에서는 사랑의 마디를 '군자가 물건을 대함에 아끼고 사랑하지 않고, 백성을 대함에 사랑하고 친히 하지 않으니, 어버이를 친히 하고 백성을 사랑하고 물건을 아끼는 것이다'(孟子曰君子之於物也, 愛之而弗仁, 於民也, 仁之而弗親, 親親而仁民, 仁民而愛物.)라 하여, 친친(親親)과 인민(仁民), 애물(愛物)의 세 단계로 밝히고 있다. 친친(親親)은 성의·정심이고, 인민(仁民)은 수신·제가(齊家), 애물(愛物)은 치국·평천하와 각각 대응된다.

또 『중용』에서는 '오직 천하에 지극한 정성이어야 능히 그 본성을 다할 수 있으니, 그 본성을 다하면 능히 다른 사람의 본성을 다하고, 능히 다른 사람의 본성을 다하면 능히 만물의 본성을 다하고, 능히 만물의 본성을 다하면 천지의 화육(化育)을 도울 것이고, 천지의 화육을 도우면 천지와 더불어 참여하게 될 것이다'(惟天下至誠, 爲能盡其性, 能盡其性則能盡人之性, 能盡人之性則能盡物之性, 能盡物之性則可以贊天地之化育, 可以贊天地之化育則可以與天地參矣.)라 하여, 지성(至誠)을 진기성(盡其性), 진인지성(盡人之性), 진물지성(盡物之性)으로 확장해 천지의 변화와 육성에 천지와 더불어 참여하게 되는 것이다.

『대학』의 팔조목(八條目)과 『맹자』, 『중용』을 연계하여 정리하면 다음과 같다.

『대학』	성의·정심	수신·제가	치국·평천하
『맹자』	친친(親親)	인민(仁民)	애물(愛物)
『중용』	진기성(盡其性)	진인지성(盡人之性)	진물지성(盡物之性)
	자기의 본성	타인의 본성	대상 사물의 이치

또 사덕(四德)으로 풀어보면, 격물·치지는 지(知), 성의·정심은 인(仁), 수신·제가는 예(禮), 치국·평천하는 의(義)와 각각 대응된다. 군자가 실천해야 하는 사덕(四德)은 팔조목으로 드러난다.

『주역』에서 인·예·의·지(仁禮義知)의 뜻은 다음과 같다. '인(仁)'은 원(元)이 내재된 것으로, 인을 체득함으로써 자기를 완성하고 다른 사람을 인격적인 세계로 지도하는 어른이 되는 것을 의미한다. 인(仁)은 사람 인(亻)과 두·이(二)로 천·인·지(天人地)를 일관하는 선의 어른인 사랑이다.

'예(禮)'는 '아름답게 만나서 족히 예에 부합된다'라고 하여, 인격적 존재의 만남을 뜻한다. 보일 시(示)와 풍년 풍(豊)으로, 시(示)는 하늘이 내려준 빛의 은혜에 감사하는 사람의 모습이다. 하늘과 사람의 만남을 근본으로 사람과 사람의 만남의 이치를 의미하며, 군자는 사람과 사람·가정·국가사회의 모임을 아름답게 하는 것으로 예(禮)의 덕(德)을 실천하였다고 할 수 있다.

'의(義)'는 '만물을 이롭게 함이 족히 의에 화합한다'라 하여, 사람과 사람의 사회적 관계, 사람과 만물의 관계를 주관하는 것을 의미한다. 양 양(羊)과 나 아(我)로, 내 마음속에 하늘의 마음이 내려온 것이다. 양(羊)은 백성이고 천심(天心)으로 해석되고, 아(我)는 진리에 뜻을 둔 나로 해석하며, 군자가 모든 만물이 각자 적재적소에 있게 하여 세상을 의롭게 해야 한다.

'지(知)'는 정(貞)이 내면화된 것으로, '곧고 바르니 족히 일을 주관한다'라는 의미이다. 화살 시(矢)와 입 구(口)로, 성인이 진리를 말씀한 것이며, 군자는 정덕(貞德)을 자각하여 일의 시비(是非)를 판단하고, 선악(善惡)을 분별할 수 있어 바르고 곧게 백성을 다스려야 함을 의미한다.

自天子以至於庶人히 壹是皆以修身爲本이니라
其本이 亂而末治者ㅣ 否矣며 其所厚者에 薄이오 而其所薄者에 厚하리 未之有也니라

천자(天子)로부터 서인(庶人)에 이르기까지 하나같이 몸을 닦는 것을 근본으로 하는 것이다.
그 근본이 어지럽고 끝을 다스리는 자는 없으며, 그 두텁게 해야 하는데 박하게 하고, 박하게 해야 되는데 후하게 하는 사람은 있지 아니한 것이다.

【심해】

본말(本末)은 앞에서 밝힌 물유본말(物有本末)의 근본과 끝이다. 물(物)의 세계가 펼쳐진 것이 격물(格物)부터 평천하(平天下)의 팔조목임을 알 수 있다. 여기에 수신(修身)이 근본이 됨을 강조한 것이다.

주희는 격물·치지·성의·정심은 수신하는 것이고, 제가·치국·평천하는 수신한 후의 결과로 나타나는 것이라고 하였다.

수신이 되면 제가·치국·평천하는 자연스럽게 베풀어진다. 즉 수신은 근본이 되고, 제가·치국·평천하는 말단이 된다. 그러므로 천자로부터 백성에 이르기까지 누구나 수신을 근본으로 삼아야 한다고 하여 대학지도는 통치자에게만 해당하는 것이 아니라 만백성에게도 해당한다.

다음 본말(本末)과 후박(厚薄)을 통해 팔조목이 서로 조화를 이루게 됨을 논하고 있다. 본말은 팔조목이 어지러움과 다스림으로 드러나게 되는 의미이다. 두터울 후(厚)는 「중지곤괘(重地坤卦)」의 '곤후재물'(坤厚載物)과 '후덕재물'(厚德載物)로 덕을 두텁게 하는 것이고, 엷을 박(薄)은 엷고 천박함의 뜻으로 덕이 없다는 것을 의미한다.

특히 '아니다'의 부(否)는 「천지비괘(天地否卦)」의 괘 이름으로 하늘과 땅이 사귀지 않는 것으로, 음양(陰陽)이 서로 교합하지 못하는 불통(不通)하는 상태이다. 그러므로 근본과 말단은 서로 통해 있어야 함을 알 수 있다.

이상은 경(經) 1장에 해당하는 내용이다. 주희(朱熹)는 정이천(程伊川)이 정한 것을 근거로 하여, 경 1장과 전 10장으로 나눠 놓고 경 1장은 공자께서 말씀하신 것을 증자(曾子)가 서술하였고, 전문 10장은 증자의 뜻을 문인이 기록한 것이라고 하였다.

전 1장

명명덕(明明德)

밝은 덕(본성)을 밝히다

명덕(明德)을 밝히는 것은 천도(天道)가 내재화 된 본성을 자각하는 것이다. 「화지진괘(火地晉卦)」에서는 스스로 밝은 덕을 밝힌다는 '자소명덕'(自昭明德)으로 논하고 있다. 소소(昭昭) 명명(明明)한 자신의 덕을 밝힘으로써 하늘의 진리에 나아가는 것이다.

본성은 하늘로부터 받은 것이고, 마음공부는 자기의 본성을 바탕으로 하늘을 따르는 것이다. 내 마음을 아는 것이 하늘의 마음을 아는 것이다.

康誥에 曰克明德이라 하며 太甲에 曰顧諟天之明命이라 하며 帝典에 曰克明峻德이라 하니 皆自明也니라

「강고」에 말하기를 '능히 덕을 밝힌다' 하며 「태갑」에 말하기를 '이 하늘의 밝은 명(命)을 돌아본다'고 하며, 「제전」에 말하기를 '능히 빼어난 덕을 밝히는 것이다' 하니 모두 스스로 밝은 것이다.

【심해】

이 장은 삼강령 중에서 명명덕(明明德)에 관한 설명으로, 덕을 밝히는 것으로부터 시작하고 있다.

「강고」는 『서경(書經)』의 편명으로, 주나라 무왕(武王)의 손자인 강왕(康王)이 백성들에게 고한 것이다. 극(克)은 『논어』「안연」편 '극기복례'(克己復禮)의 극(克)으로, '이기다', '극복하다'라는 뜻이 있지만, 여기서는 형용사로 '능하다'라는 뜻으로 쓰였다. '명덕(明德)'은 사람의 본성이므로, 극명덕(克明德)은 타고난 본성의 덕을 능히 하는 것이다.

「태갑」은 『서경』의 편명으로, 상나라 왕 태갑에게 정승

이윤(伊尹)이 탕 임금의 덕을 말한 것이다. 이윤은 맹자가 본보기로 삼은 선각자(先覺者)이다. 하늘의 밝은 덕 즉, 천명을 항상 돌아보아 그 명을 따른다는 것이다. 여기에서 말하는 하늘의 밝은 명(命)이란 하늘의 음양작용 이치를 말한다.

명명(明命)과 명덕은 같은 의미를 지닌 말로 '명(命)은 덕이다'(命, 德也.)라는 뜻이다. 天(천)은 한 일(一)과 큰 대(大)가 합쳐진 말로 하나의 위대한 것으로 주체이고, 명(命)은 합할 합(合)과 마디 절(節)이 합쳐진 것으로 합해지고 나누어지는 음양의 작용을 담고 있다. 합해지는 것은 짝이 되어 음(陰)이고, 나누어지는 작용은 홀이 되어 양(陽)이기 때문에 음양 작용인 것이다.

『중용』에서는 '하늘이 작용하는 것을 성(性)이라 하고, 본성을 따르는 것을 도(道)라 하고'(天命之謂性, 率性之謂道)라 하여, 성(性)은 도(道)와 명(命)은 덕(德)과 연결됨을 알 수 있다.

「계사상」 제5장에서도 '한 번 음으로 작용하고, 한 번 양으로 작용하는 것을 도(道)라 하고, 계승한 것을 선이라 하고 이룬 것을 성이라 한다'(一陰一陽之謂道, 繼之者, 善也, 成之者, 性也.)라 하여, 음양의 조화와 균형이 천도(天道)이며, 음양작용이 인간 본성인 선성(善性)으로 내재화되었음을 밝히고 있다. 그러므로 밝은 생명이면서 밝은 덕이라는 것은 생명이 곧 덕이며, 또한 우리가 살아가는 것이 덕이라는 의미이다. 「계사상」 제6장에서는 '쉽고 간단함의 선은 지극한 덕과 짝하는 것이다'(易簡之善, 配至德.)라 하여, 덕(德)은 선(善)과 연계됨을 알 수 있다.

「제전」은 『서경』의 첫 번째 장인 「요전(堯典)」을 가리키며, 명덕은 하늘과 같이 높은 덕을 밝히는 것이다. 「강고」와 「태갑」, 「제전」에서 말하는 명덕의 공통된 의미는 스스로 내면의 덕을 세상에 밝히는 데 있는 것이다.

자명(自明)은 '천명지위성(天命之謂性)'으로 사람은 누구나 하늘로부터 명덕을 가지고 왔음을 말하는 것이다. 즉, 자명(自明)은 곧 명덕이다. 「화지진괘(火地晉卦)」에서는 '스스로 밝은 덕을 밝힌다'(自昭明德)라 하여, 천도(天道)가 내재화된 본성의 명덕을 밝히는 것이라 하였다.

『중용』 제21장에서는 '진실함으로부터 밝아짐을 성(性)이라 하고, 밝음으로부터 진실함을 가르치는 것이다, 진실한 즉 밝고, 밝은 즉 진실한 것이다'(自誠明, 謂之性, 自明誠, 謂之教, 誠則明矣, 明則誠矣.)라 하여, 본성은 하늘로부터 받은 것이고, 가르침은 자기의 본성을 바탕으로 하늘을 따르는 것이다. 즉, 내 마음을 아는 것이 하늘의 마음을 아는 것이라 할 수 있다. 성(誠)은 천도(天道)이고 명(命)은 인도(人道)로 명덕(明德)이다.

또 「중수감괘(重水坎卦)」에서는 '군자가 이로써 항상 덕을 행하고 가르치는 일을 익히는 것이다'(君子, 以常德行, 習教事.)라 하여, 성인의 말씀에 따라 군자가 가르친다고 하였다.

전 2장

신민(新民)

사람을 새롭게 하다

사람을 새롭게 하기 위해서는 결단이 필요하다. 「택천쾌괘(澤天夬卦)」에서는 결단하고 화합하는 '결이화'(決而和)를 밝히고 있다. 우리는 자신의 탐욕을 결단해야 다른 사람과 서로 화합(和合)을 할 수 있다.

나의 실존적 물음을 통해 죽음을 자각하고, 선구적 결단을 해야 비로소 지금 여기 있는 삶을 올바르게 살아갈 수 있다. 결단은 진리에 대한 믿음으로 해야 하고 위태로움이 따르게 된다.

湯之盤銘에 曰苟日新이어든 日日新하고 又日新이라 하며 康誥에 曰作新民이라 하며 詩曰周雖舊邦이나 其命維新이라 하니 是故로 君子는 無所不用其極이니라

탕 임금의 세숫대야에 새겨 둔 명문(銘文)에 말하기를 '진실로 매일 새롭게 하려거든 매일매일 새롭게 하고 또 날마다 새롭게 하라'고 하였으며, 「강고」에 말하기를 '백성들을 새롭게 짓는 것이다'라 하며, 『시경』에 말하기를 '주나라가 비록 오래된 나라이기는 하나 그 명을 오직 새롭게 하는 것이다' 하였으니, 이런 까닭으로 군자는 그 극(極)을 쓰지 않는 바가 없는 것이다.

【심해】

이 장에서는 삼강령(三綱領)에서 친민(親民)을 설명하고 있다. 명명덕(明明德)이 되고, 친민(親民)이 된 군자는 매일매일 백성들의 덕을 새롭게 하는 것이다.

상(商)나라를 세운 탕(湯) 임금은 세숫대야에 새겨진 문장을

보며, 자신의 마음을 가다듬었다. 씻는다는 것은 몸을 정갈히 하고 마음을 가다듬는 하나의 의식과도 같은 것이며, 스스로 매일 진리를 깨우치는 것이다.

신(新)을 풀이하면, 설 립(立), 나무 목(木), 도끼날 근(斤) 즉, '도끼로 나무를 쪼다'의 의미로, 그 뜻을 결단해야 새롭게 되는 것이다.

「계사상」 제5장에서 '생하고 생하는 것은 역(易)이고'(生生之謂易)라 하여, 역(易)은 낳고 낳는 거듭남을 의미하는 것이다. 우주 자연의 무한한 생을 본받아 인간의 도덕적 삶의 재탄생을 의미한다. 날마다 새롭게 하기 위해서는 자기의 낡은 관념과 잘못된 생각들을 결단하라는 의미로 이해할 수 있다.

하이데거의 실존철학에서 말하는 '선구적(先驅的) 결단'과도 일맥상통(一脈相通)하는데, 나의 실존적 물음을 통해 죽음을 자각하고 선구적 결단을 해야 비로소 지금의 삶을 올바르게 살아갈 수 있는 것이다.

『주역』 「택천쾌괘(澤天夬卦)」에서는 '쾌는 결단하는 것이다'(夬, 決也.)라 하여, 하늘의 진리를 가지고 인간의 관념들을 결단하라고 하였다. 이는 곧 '새롭게 여는 것이다'라는 뜻을 가지고 있다. 어리석은 백성들은 진리가 무엇인지, 사람이 어떤 존재인지, 어떻게 살아가야 하는지를 생각하지 않는 경우가 많다.

『예기』「단궁상(檀弓上)」에서는 '죽어도 조문하지 않는 것 3가지이니, 외사(畏死)와 압사(壓死)와 익사(溺死)이다'(死而不弔者, 三, 畏, 壓, 溺)라 하여, 죽음에 대해 논하고 있다. 즉, 죽음에 조문하지 않는 세 가지 경우로 첫 번째는 두려워서 죽은 외사(畏死)로, 자살(自殺)을 하거나 사형(死刑) 등으로 죽는 것이다. 이는 천지부모(天地父母)에 대한 효(孝)를 생각하지 않고 자신의 몸을 함부로 하여 스스로 목숨을 끊은 경우이다. 두 번째는 눌려서 죽은 압사(壓死)로, 위험한 지역에 있다가 건물이나 암벽의 붕괴 등으로 인해 눌려 죽는 경우이다. 세 번째는 물과 기름 등에 빠져서 죽은 익사(溺死)로, 헤엄을 치다가 물에 빠져 죽거나 기름에 빠져서 죽는 것이다. 이러한 죽음은 모두 근신(謹身)을 하지 않아서 죽음을 자초한 경우를 두고 한 말이다.

자신의 업(業)은 자기가 지은 만큼 받고, 짓지 않은 것을 받지 않는 것이다. 우리는 불행한 일이 생기면, 다른 사람을 탓하고 또는 사회와 정치와 세상을 탓하는 데 익숙하다. 우리는 살아가면서 존재의 의미와 삶을 대하는 방식에 관한 진리를 탐구하여 자각하고 깨어 있는 삶을 추구해야 하는 것이다. 자신에 대한 자각이 있은 후에 우리는 본성을 회복하여 날마다 새로워질 수 있는 것이다.

「산천대축괘(山天大畜卦)」에서는 '대축은 강건하고 독실하고 밝게 빛나서 날마다 그 덕을 새롭게 하니'(大畜, 剛健, 篤實, 輝光,

日新其德)라 하여, 날마다 자신의 덕을 새롭게 함을 밝히고 있다. 덕을 새롭게 한다는 것은 날마다 자신의 본성, 마음, 감정을 다스리는 것으로, 성인의 말씀과 행적을 많이 익혀서 자신의 덕을 쌓아가는 것이다.(君子, 以多識前言往行, 以畜其德.)

또한 「계사상」 제5장에서는 '날마다 새롭게 하는 것이 덕을 성대히 하는 것이고'(日新之謂, 盛德.)라 하여, 일신(日新)은 쉼 없이 변화하는 것이며, 이 변화는 물리적인 변화가 아닌 인격적 변화인 성덕(盛德)이 되는 것이다.

「강고(康誥)」에서는 '신민이라는 것은 백성을 새롭게 짓는 것이다'(康誥, 日作新民.)라 하여, 백성의 아픔과 기쁨을 함께 공감하는 지도자가 올바른 뜻을 가지고 백성들을 욕망의 세계에서 인격의 세계로 이끌어 새롭게 하는 것이다.

주희는 '북치고 춤추게 하는 것을 작(作)이라고 한다'(鼓之舞之, 之謂作.)라 하여, 『주역』의 문장을 인용해 작(作)을 설명하고 있다. 「계사상」에서는 '백성들의 마음을 두드리고 춤추게 하여 신묘함을 다하니'(鼓之舞之, 以盡神)라 하여, 백성을 격려하고 고무시켜 하늘의 뜻인 천도 변화의 신묘함을 파악할 수 있는 지혜를 가질 수 있도록 하였다.

즉, 작(作)은 백성들이 신명나는 삶을 살 수 있도록 이끌어 교화시키는 것으로 풀이할 수 있다. 자기의 명덕을 밝히고 다른 사람이 새롭게 자기 본성을 밝히게 하여 진실로 새롭고

매일매일 새롭게 하여, 억누르지 않고 진작시킴으로써 발전을 이루어 가는 것이 결국 신민(新民)인 것이다.

『시경』에서 말하기를 '주나라가 비록 옛날 나라이기는 하나 그 명을 오직 새롭게 하는 것이라 하니'(詩曰, 周雖舊邦, 其命維新.)라 하여, 옛날 나라(舊邦)인 주나라가 태왕 때부터 서이(西夷)에서 제후국으로 살아왔지만 그 명을 오직 새롭게 하여, 문왕에 이어 무왕에 이르러 백성들을 새롭게 하고 올바른 정치를 행하여, 상나라를 정벌하고 주나라를 세우게 된 것이다.

유학의 입장에서 인간은 각각의 천명(天命)을 가지고 태어나지만, 세상살이에 따라가다 보면 천명을 망각하게 되는데, 그 명(命)을 오직 새롭게 하는 사람만이 하늘의 뜻을 알게 된다.

명(命)을 묻는 가장 근본적인 물음은 '나는 누구인가?', '왜 태어났는가?' 등 인간의 존재 의미를 묻는 것이다. 이 물음에 대한 답을 찾아가는 길은 유신(維新) 즉, 천명을 새롭게 하여, 나에게 주어진 일에 사명을 다하는 삶이라고 할 수 있다.

'이러한 까닭으로 군자는 그 극을 쓰지 않는 바가 없다'(是故, 君子, 無所不用其極.)라 하여, 군자는 명명덕(明明德)하고 신민(新民)한 연후에 매일매일 마음의 본성을 회복하여 쓰는 것이다. 극(極)은 최선의 상태로 지극(至極)한 자리가 태극(太極)이며, 곧 진리임을 의미한다.

전 3장

지어지선(止於至善)

지극한 선에서 살아가다

지극한 선에 그치는 것은 극락(極樂)에서 살아가는 것이다. 「중산간괘(重山艮卦)」에서는 '간은 그침이다. 천시(天時)가 그치면 그치고 천시(天時)가 행하면 행하여 움직이고 고요함에 그 천시를 잃어버리지 않으니, 그 도가 밝게 빛나는 것이다'라 하여, 천시에 따라서 그치고 행함을 밝히고 있다.

군자는 자기 본성의 자리를 벗어나지 않는 것이다. 국가의 지도자가 인격적인 뜻을 펼치고, 사람들이 사람답게 살아갈 수 있는 이상적인 세계를 노래하는 것이다.

詩云邦畿千里여 惟民所止라 하니라. 詩云緡蠻黃鳥여 止于丘隅라 하야늘 子ㅣ曰於止에 知其所止로소니 可以人而不如鳥乎아

『시경』에서 이르기를 '나라의 영토가 천리가 되는 것은 오직 백성들이 그치는 것이다' 하니, 『시경』에 이르기를 '꾀꼬리(황조) 우는 새소리가 언덕 모퉁이에 그치는 것이다' 하거늘, 공자께서 말씀하시기를 '그 그칠 바를 아는 것이니 가히 사람이 새만 같지 못하겠는가!'

【심해】

이 장에서는 삼강령에서 지어지선(止於至善)에 대해서 말하고 있다.

『시경』은 중국 최초의 시 모음집으로 주초(周初)부터 춘추(春秋) 초기까지 기록된 것이다. 오늘날 전하는 것은 305편에 이르며, 풍(風), 아(雅), 송(頌) 셋으로 크게 분류되어 있다. 연애나 결혼생활 등을 주제로 한 여러 나라 민요인 풍(風)과 궁정,

사회, 전장, 역사를 주제로 공식 연회에서 쓰는 의식가인 아(雅), 그리고 종묘의 제사에서 사용한 송(頌)의 3부이다. 아(雅)에는 소아(小雅)와 대아(大雅)로 나뉘어 전해지고 있으며, 송에는 주송(周頌), 노송(魯頌), 상송(商頌)으로 나누어진다.

『시경』의 상송(商頌) 「현조(玄鳥)」의 말씀으로, 당시의 덕을 밝힌 왕에 의하여 백성을 친(親)히 하고 새롭게 함으로써 지선(至善)한 이상사회를 말하고 있으며, 국가의 지도자가 인격적인 뜻을 펼치고 사람들이 사람답게 살아갈 수 있는 세계를 노래하고 있다.

방기(邦畿)는 수도를 중심으로 사방 500리의 땅을 의미하고, 방(邦)은 제후의 봉토이며, 기(畿)는 왕도 주위의 500리 이내의 땅이므로 직경은 천리가 된다.

소지(所止)는 백성들이 살아가는 곳이다. 천리(千里) 안에서 사는 백성들이 매일 새롭게 하고, 지극한 선에 살아가는 삶의 이야기이다.

명명덕(明明德)이 자기의 본성을 밝히는 것이라면, 신민(新民)과 지어지선(止於至善)은 백성들과 함께하는 내용이라는 것을 알 수 있다.

그치다(止)에 대하여, 「중산간괘(重山艮卦)」에서는 '간은 그침이다. 천시(天時)가 그치면 그치고 천시(天時)가 행하면 행하여 움직이고 고요함에 그 천시를 잃어버리지 않으니, 그 도가 밝게 빛나는 것이고 그 그침에 그치는 것은 그 하는 바에서 그치는 것이다'(艮 止也. 時止則止, 時行則行, 動靜不失其時, 其道光明. 艮其止, 止其所也.)라 하여, 천시에 따라서 그치고 행함을 밝히고 있다.

또 '산은 겸함이 간괘이니 군자가 이로써 생각이 그 자리를 나아가지 않는 것이다'(兼山艮, 君子以思不出其位)라 하여, 천시(天時)의 그침과 운행을 알아서 군자가 자기 본성의 자리를 벗어나지 않음을 밝히고 있다. 즉, 본성의 덕인 진리의 자리가 아니면 사유를 그쳐야 한다는 뜻이다. 국가의 지도자가 인격적인 뜻을 펼치고 사람들이 사람답게 살아갈 수 있는 이상적인 세계를 노래한 것이다.

다음으로 『시경』 소아(小雅) 「면만」에는 하늘을 날며 우는 황조가 산의 언덕 모퉁이에 머물고 있다고 하였다. 하늘의 새는 천사를 의미하며, 언덕(丘)은 『주역』의 간괘(艮卦)로 군자를 나타낸다. 즉, '천사가 하늘의 소리를 울부짖으며 언덕에 앉아 있다'고 하는 것은 지선(止善)으로 군자의 마음속에 들어왔음을 의미한다.

이 시를 읽는 공자는 지선한 이상사회를 꿈꾸며 사람이 어떻게 거처하고 살아가야 하는지를 반문하고 지어지선(止於至善)한 삶을 강조하고 있다.

詩云穆穆文王이여 於緝熙敬止라하니 爲人君엔 止於仁하시고 爲人臣엔 止於敬하시고 爲人子엔 止於孝하시고 爲人父엔 止於慈하시고 與國人交엔 止於信이러시다.

『시경』에 이르기를 '깊고 먼 문왕이시여, 계속 이어지고 밝게 빛나고 공경하고 그친다'고 하니, 사람의 임금이 되어서는 인(仁)에 그치시고, 사람의 신하가 되어서는 공경함에 그치시고, 사람의 자식이 되어서는 효에 그치시고, 사람의 부모가 되어서는 사랑하는 데 그치시고, 나라 사람들과 사귐에 있어서는 그 믿음에 그치시는 것이다.

【심해】

『시경』의 대아(大雅) 「문왕」의 말씀으로, 인품이 신중하고 공경스러운 성인이여 하면서, 문왕이 세상에 펼친 덕을 즙(緝, 계속 이어짐)·희(熙, 밝게 빛남)·경(敬, 공경함)·지(止, 그침)로 밝히고 있다.

지어인(止於仁)을 '인(仁)에 멈추다', '인(仁)에 그치다'로 해석하고 있지만, 지(止)를 그침이 아닌 '감' 즉 '나아간다'의 의미로 해석하면, 지어지선(止於至善)은 인(仁)·경(敬)·효(孝)·자(慈)·신(信)이 실현되는 이상사회를 목표로 하여 나아간다는 뜻이 된다.

문왕이 세상에 펼친 네 가지 덕인 즙·희·경·지는 사상철학의 마음론으로 해석할 수 있다. 즙(緝)은 이어지는 것, 계속하는 것으로 사상인 중 태양인이 가진 성향으로 자기의 일을 진취적으로 해내는 것과 통하고 있다. 희(熙)는 화(火)의 뜻을 담고 있으므로 소양인이 자기를 화려하고 빛나게 드러내는 것과 연계가 된다. 경(敬)은 태음인들의 화두로 하늘을 공경하고 섬기는 마음가짐이며, 지(止)는 소음인이 주변의 환경에 잘 순응하여 때에 그칠 줄 아는 것이다.

소양인 **희(熙)**	태음인 **경(敬)**
태양인 **즙(緝)**	소음인 **지(止)**

〈사상인 정기(情氣)와 즙·희·경·지〉

이어서 지어지선(止於至善)에서 그치다(止)는 나의 행동을 미루어 어떻게 해야 하는지에 대해 밝히고 있다. 즉, 부모는 부모 역할을 다하고, 자식은 자식 역할을 다하고, 윗사람으로서는 윗사람 역할을 다하고, 아랫사람은 아랫사람 역할을 다하여 충실하게 살아가고, 믿음을 근본으로 나라 사람들과 더불어 살아가는 것이다.

또 각자 역할을 다함에 인(仁)·경(敬)·효(孝)·자(慈)·신(信)의 덕목을 갖고 임해야 함을 논하고 있는 것이다.

「중천건괘」 문언에서는 '인(仁)이란 어진 마음으로 선(善)의 어른이 되니'(元者 善之長也 君子 體仁 足以長人)라 하여, 큰 사랑을 의미한다. 인(仁)은 사람인(人)과 두 이(二)가 합쳐진 말로 나의 마음과 남의 마음이 합쳐진 것이 사랑이라는 뜻이 된다.

경(敬)에 대해서 「중지곤괘(重地坤卦)」에서는 '군자는 경(敬)으로써 내면을 바르게 하고 의(義)로써 밖을 방정하게 하여 경·의가 바로 서면 덕은 외롭지 않으니'(君子 敬以直內 義以方外 敬義立而德不孤)라 하여, 자신의 내면을 다스리는 이치를 경과 의로 밝히고 있다. 속에 있는 본래의 마음이 바르고 곧게 드러날 수 있도록 마음의 상태를 간직한다는 뜻이다.

효(孝)는 늙을 로(老)와 자식 자(子)로 자식이 늙은 부모를 공양하는 것이다. 「택지췌괘」에서는 '왕이 지극한 마음으로 사당에 이르는 것은 효도로 제향함에 이르는 것이고'(王假有廟,

至孝享也.)라 하여, 효도로 제향함은 천지부모(天地父母)에게 올리는 향례(享禮)로 효의 근본은 하늘에 있음을 밝히고 있다.

『효경』에서는 '신체와 터럭·피부는 부모로부터 받은 것이다. 감히 헐거나 훼손하지 않음이 효도의 시작이고 몸을 세워서 하늘의 때에 맞고 부모님의 뜻으로 살아가는 것이 곧 부모님의 마음이니 도를 얻는 것이 효도의 마침인 것이다'(身體髮膚, 受之父母, 不敢毁傷, 孝之始也, 立身行道, 揚名於後世, 以顯父母 孝之終也)라 하였다.

즉, 몸 신(身)은 마음의 양심(良心)을 담고 있는 몸이기 때문에 하늘로부터 받은 양심을 헐거나 훼손하지 않는 것이 효의 시작이며, 천지부모의 뜻에 거스르지 않고 지극히 섬기며, 그 뜻을 다하고 삼가 행하는 것이 효도의 마침인 것이다.

『논어』에서는 '효도와 공경은 사랑을 실천하는 근본이 된다'(孝弟也者, 其爲仁之本與.)라 하고, '지금의 효자는 능히 봉양하는 것이니, 개나 말에서도 능히 기름이 있으니, 공경이 없으면 어찌 다르겠는가?'(子日, 今之孝者, 是謂能養, 至於犬馬, 皆能有養, 不敬, 何以別乎.)라 하여, 효는 부모를 공경하고 사랑하는 것에서 시작되는 것이다.

효라는 것은 부모님을 돌보는 것에서 그치는 것이 아니라 자기 몸을 바로 세우는 것(立身)으로, 진리를 자각하여 그 도를 행하는 것이 부모의 뜻이며, 진정한 효의 마침이 되는 것이다.

사랑(慈)은 무성할 자(玆)와 마음 심(心)으로 자애로움이 넘치는 뜻이 된다. 자식이 잘못이 있으면 꾸짖기는 하되, 나무람 뒤에 반드시 사랑으로 품는 것이 부모의 도리이며, 부모가 된 사람의 도리가 '자(慈)'인 것이다.

믿음(信)은 사람 인(人)과 말씀 언(言)으로, 진리의 말씀인 성인의 말씀을 믿는 것이다. 「잡괘」에서 '중부(中孚)는 믿음이다'(中孚, 信也.)라 하여, 믿음이 하늘의 뜻임을 말하고 있다. 「중천건괘」에서는 '충과 신이 덕에 나아가는 것이고'(忠信 所以進德也)라 하고, 「계사상」 제12장에서는 '하늘이 돕는 것은 순응이고, 사람이 돕는 것은 믿음이니, 믿음을 밟고 순응을 생각하고 또 어진 이를 숭상함이라, 이로써 하늘로부터 도와서 이롭지 않음이 없는 것이다'(天之所助者, 順也, 人之所助者, 信也, 履信思乎順, 又以尙賢也, 是以自天祐之吉无不利也.)라 하여, 믿음은 본성의 덕에 나아가는 것이고, 하늘이 돕는 길이다.

『논어』에서는 맹목적인 믿음을 경계하면서, '믿음은 돈독하게 하고 성학(聖學)을 좋아하면 죽음을 지키고, 진리를 선하게 하는 것이다'(子曰篤信好學, 守死善道.)라 하고, 이어 '믿음을 좋아하고 학문을 좋아하지 않으면 그 폐단은 해치는 것이고'(好信不好學, 其蔽也, 賊.)라 하여, 성인의 말과 가르침을 믿고 따라야 함을 말하고 있다.

앞에서 이야기한 인(仁)·경(敬)·효(孝)·자(慈)·신(信)을 사상철학 마음론으로 풀이하면, 신(信)은 덕목의 기본 바탕으로 가운데 두고, 나머지 네 덕목을 사상인(四象人)이 갖추고 확충해야 할 덕목으로 연계하면 다음과 같다.

소양인 **효(孝)**	태음인 **인(仁)**
태양인 **경(敬)**	소음인 **자(慈)**

〈사상인과 인(仁)·경(敬)·효(孝)·자(慈)〉

『격치고』「독행편(獨行篇)」에서는 인격적 사상인(四象人)의 기본적인 특징에 대하여 '예자(禮者)는 현달하고 영명(英明)하며, 인자(仁者)는 즐겁고 편안하며, 의자(義者)는 정돈되고 가지런하며, 지자(智者)는 도량이 넓고 활달하며'(禮者, 顯允, 仁者, 樂易, 義者, 整齊, 智者, 闊達.)라고 하였다.

즉, 예자(禮者)인 태양인은 현달하면서도 진실한 마음에 공경심이 있고, 인자(仁者)인 태음인은 즐거움 속에서 편안함을 가지며 너그럽게 사랑하고, 의자(義者)인 소음인은 정돈된 몸가짐으로 주변을 가지런하게 살펴 배려하고, 지자(智者)인 소양인은 도량이 넓어 친히 하고, 활달함을 보게 된다.

사상인과 인(仁)·경(敬)·효(孝)·자(慈)의 구체적인 모습을 「독행편」에서 살펴보면, '태양인 예자(禮者)는 꾀와 지략(謀計)이 있고, 지략이 있는 자는 또한 충실함이 있는 것이다. 세밀하고 확고하여 온전한 공을 거두는 마음이 있기 때문에 능히 느림과 빠름의 형세를 알며, 그 식견과 도량이 너그럽고 단아함을 깨우쳐서 나아가고 멈춤이 단정하고 신중하니, 그 사람됨이 꾀를 알고 사람과 함께 함에 공경(敬)이 있다'(禮者有謀, 謀者有忠. 審固, 有收全功之心, 故能知緩級之勢, 觀其識度寬雅, 進止端重, 知其爲人也謀而與人有敬也.)라 하여, 공경함(敬)이 있는 태양인 예자를 밝히고 있다.

'태음인 인자(仁者)는 포용함이 있고, 신의가 있는 것이다. 웅장하여 세상을 구원하는 마음이 있기 때문에 능히 강약의 형세를 알며, 그 쌓이고 능히 흩어짐을 깨우쳐서 관대하고 절도가 있으니, 그 사람됨이 포용함을 알고 사람과 함께 함에 은혜와 사랑이 있다'(仁者, 有容, 容者, 有信, 雄壯, 有拯天下之心, 故能知强弱之形, 觀其積而能散, 寬而有節, 知其爲人也容, 而與人, 有恩也.)라 하여, 사랑하는 마음(仁)이 있는 태음인 인자를 밝히고 있다.

'소음인 의자(義者)는 돈독하고 중후하여 사방을 안정시키는 마음이 있기 때문에 능히 멀고 가까움의 형국에 거처하며, 그 단정함과 엄숙, 곧고 바름과 먼 사람을 회유하고 가까운 사람을 유능하게 하는 것을 보면, 그 사람됨이 재능을 있고 다른 사람과 함께 할 때는 의논이 있음을 아는 것이다. 그러므로 그 재주는 사랑하는 마음으로 사람들을 거두어들이기를 잘하고, 지방을 어루만져 편안하게 하는데 능한 것이다'(義者, 敦重, 有定四方之心, 故能處遠邇之局, 觀其齊莊貞正, 柔遠能邇, 知其爲人也能, 而與人, 有誼也. 故其材善安戢人, 而能於撫綏地方.)라 하여, 배려와 사랑(慈)이 있는 소음인 의자를 밝히고 있다.

'소양인 지자(智者)는 너그럽고 공평하여 사람들을 공정하게 하는 마음이 있기 때문에 능히 친하고 소원함의 시기를 알며, 어버이의 은혜를 미루는 데 장점이 있다. 일을 맡고 부리는 데 장점이 있어 사람들의 힘을 잘 얻고, 시속에 순응하고 풍속을 움직이는데 능한 것이다'(智者 寬平, 有公衆人之心, 故能蕩親疎之猜, 長於推惠, 長於任使, 故其材善得人之力, 而能於順俗而動風.)라 하여, 은혜와 친함(孝)이 있는 소양인 지자를 밝히고 있다.

詩云瞻彼淇澳혼대 菉竹猗猗로다 有斐君子여 如切如磋하며 如琢如磨라 瑟兮僩兮며 赫兮喧兮니 如切如磋者는 道學也오 如琢如磨者는 自修也오 瑟兮僩兮者는 恂慄也이오 赫兮喧兮者는 威儀也오 有斐君子終不可諠兮者는 道盛德至善을 民之不能忘也니라

『시경』에 이르기를 '저 강기슭을 쳐다보니 푸른 대나무가 무성하게 자라나는구나! 문채가 있는 군자여! 끊는 것 같으며 가는 것 같고, 쪼는 것 같으며 가는 것 같은 것이라. 은밀하면서도 강직하고, 빛나면서도 점잖으니' 끊는 것 같으며 가는 것 같은 것은 배움을 말하는 것이고, 쪼는 것 같으며 가는 것 같은 것은 스스로 몸을 닦는 것이고, 은밀하면서도 군센 것은 마음을 엄숙하게 하는 것이고, 빛나면서도 점잖은 것은 위엄이 있는 것이다. 문채가 나는 군자를 마침내 잊지 못하는 것은 덕이 성대하고 지극한 선을 말하는 것을 백성들이 능히 잊지 못하는 것이다.

【심해】

『시경』 위풍(衛風) 「기욱(淇澳)」의 말씀으로, 위(衛)나라 임금 무공의 무성한 덕을 칭송하며 지은 시이다. 기(淇)라는 강기슭을 보니 푸른 대나무가 무성하게 자라나 아름다운(猗猗) 모습이다. 문채(斐)는 하늘의 진리로 성인의 말씀을 깨우쳐서 그것을 실천하고 살아가는 무공의 덕을 비유한 것이다.

'문채가 나는 군자여 영원히 잊을 수 없구나!'라고 한 것은 임금의 무성한 덕과 지극히 선한 덕을 백성들이 잊을 수 없음을 노래하고 있다. 뼈나 뿔을 자르고 가는 것 같이 정성으로 학문하고, 돌을 쪼며 가는 것 같이 자기 자신을 수양하면, 마음이 엄숙해지고 위엄이 있게 되어, 학문과 수양의 결과로 '덕'을 환하게 밝혀 아름답게 빛나게 되는 것이다. 인·의·예·지(仁義禮智) 사덕이 완성된 지어지선(止於至善)의 세계를 백성들이 잊지 못하는 것이다.

「중천건괘(重天乾卦)」에서는 '군자는 인을 체득하여 족히 다른 사람의 어른이 되며, 모임을 아름답게 하여 족히 예(禮)에 부합하고 만물을 이롭게 하니 족히 의(義)에 화합하고, 곧고 바름이 족히 일을 주관한다. 군자는 이 사덕을 행하는 사람이다. 그러므로 건은 원·형·이·정이라 하였다'(君子, 體仁 足以長人, 嘉會 足以合禮, 利物 足以和義, 貞固 足以幹事, 君子 行此四德者, 故曰乾元亨利貞.)라 하여, 천도(天道) 사상인 원·형·이·정을 그대로 품부 받은 인·의·예·지 사덕(四德)을 밝히고 있다.

군자가 실천해야 할 사덕(四德)은 지선(至善)과 연계가 된다. 『맹자』 등에서 인·의·예·지(仁義禮智)는 마음의 근본이라 하여, 네 가지 마음인 사단지심(四端之心)으로 논하고 있다.

즉, 사람들에게는 차마 어찌하지 못하는 사랑의 마음인 측은한 마음(惻隱之心), 자신의 잘못을 부끄러워하는 마음(羞惡之心), 예를 갖춰 사양하는 마음(辭讓之心), 옳고 그름을 아는 마음(是非之心)이 그것이다. 측은지심은 인(仁)에, 수오지심은 의(義)에, 사양지심은 예(禮)에, 시비지심은 지(智)에 그 근거를 두고 있다.(『맹자』, 「공손추장구상」, 由是觀之 無惻隱之心, 非人也 無羞惡之心, 非人也 無辭讓之心, 非人也, 無是非之心 非人也, 惻隱之心 仁之端也, 羞惡之心 義之端也, 辭讓之心 禮之端也, 是非之心 知之端也.)

또한 여절여차(如切如磋)는 뿔이나 뼈 등을 다스리는 것이고, 여탁여마(如琢如磨)는 옥이나 돌을 다스리는 모습이다. 정성으로 물건을 만드는 것과 같이 성인의 말씀을 따르고 배우는 무공을 칭송하고 있는 것이다.

슬혜한혜(瑟兮僩兮)는 부지런히 갈고 닦아 밝은 빛을 더욱 강하게 드러내는 모습이고, 혁혜훤혜(赫兮喧兮)는 밝으면서도 엄숙하고 너그럽게 빛이 나며 의젓한 모습이다.

『예기』「학기(學記)」에서 '옥돌은 다듬지 않으면 그릇이 되지 못하고, 사람은 배우지 않으면 도리를 알지 못한다. 그러므로 옛 임금은 나라를 세우고 백성의 군주가 되어서 가르치고 배우는 것을 가장 먼저 했다. 『서경』「열명」에서 이르길 '처음과 끝을 생각하고 언제나 배움에 힘써야 한다'고 했으니, 바로 이것을 두고 한 말이다!'(玉不琢, 不成器. 人不學, 不知道. 是故古之王者建國君民, 教學爲先. 兌命曰, '念終始典于學.' 其此之謂乎!)라 하여, 사람의 배움을 옥돌 다듬는 것에 비유하여 갈고 닦아 깨우쳐야 함을 강조하고 있다.

한편 여절여차(如切如磋)와 여탁여마(如琢如磨), 슬혜한혜(瑟兮僩兮)와 혁혜훤혜(赫兮喧兮)는 모두 네 마디로 전개되기 때문에 사상철학의 마음론으로 풀이할 수 있다.

먼저 여절(如切)·여탁(如琢)은 끊고 쪼는 모양으로 양인(陽人)의 특성을 나타내고, 여차(如磋)·여마(如磨)는 갈고 닦는 것으로 음인(陰人)의 특성을 나타낸다.

소양인 **여탁(如琢)**	태음인 **여마(如磨)**
태양인 **여절(如切)**	소음인 **여차(如磋)**

〈사상인과 절·차·탁·마〉

사상인의 정기(情氣)적 마음작용으로 살펴보면, 여절(如切)은 잘 끊는 특성으로 태양인의 결단력과 연결이 되고, 여차(如磋)는 가지런히 정제하는 특성으로 주변을 세심하고 가지런히 닦는 소음인이 된다. 여탁(如琢)은 돌을 잘 쪼는 특성으로 소양인의 강무나 용감한 특성으로 이해할 수 있다. 또 여마(如磨)는 돌을 잘 갈아서 형상을 만드는 작업으로 가르쳐 인도하는 태음인은 사람의 마음을 갈아서 윤택하고 풍성하게 한다.

태음인은 여마(如磨)를 잘하여 가르쳐 인도하고 이끄는 데 장점이 있지만, 여탁(如琢)의 마음인 사람의 마음을 쪼는 것을 잘하지 못하여 잘못에도 쓴 소리하는 것을 꺼려하여 잘못이 반복된다. 소양인은 여탁(如琢)을 잘하여 잘못에 대하여 강한 어조로 쓴 소리를 잘하므로 잘못된 관행이나 일을 바로 잡을 수 있다. 반면 여마(如磨)를 못하기 때문에 끈기 있게 기다려 주지 못하기 때문에 가르쳐 이끄는 데에는 한계가 있게 된다.

또 태양인은 여절(如切)을 잘하여 결단력이 있는 리더로서 잘 이끌어가지만, 여차(如磋)는 잘하지 못하여 가지런히 정제하고 세심하게 살피지 못한다. 사람의 마음을 잘 끊고 맺는 결단력을 너무 과하게 사용하여 탐욕심이 생기면 태음인의 장점인 여마(如磨)를 하게 되는데, 자신의 이익을 위해 사람들을 교화시키고 멋대로 이끌어 가는 마음이 작용한다.

소음인은 여차(如磋)를 잘하여 주변을 세심하고 단정히 살피는 데 장점이 있지만, 여절(如切)의 마음이 부족하여 결단하는 데

주저하고 앞에서 이끄는 데는 한계를 보인다. 소음인이 주변을 세심하고 단정히 살피는 여차(如磋)의 마음에 탐욕심이 생기면, 소양인의 여탁(如琢)한 마음을 갖게 된다. 자신의 이익을 먼저 앞세워 대가를 바라고 상대방을 살피게 되며, 원하는 결과를 얻지 못하면 강한 어조로 상대를 질책하며 쓴 소리로 상처를 주게 된다.

다음으로 혁혜(赫兮)·한혜(僩兮)는 강하면서도 밝은 빛의 성질을 드러내므로 양인(陽人)의 특성을 나타내고, 훤혜(喧兮)·슬혜(瑟兮)는 엄숙하면서도 너그럽고 따뜻한 성질로 음인(陰人)의 특성을 나타낸다.

소양인 **한혜(僩兮)**	태음인 **훤혜(喧兮)**
태양인 **혁혜(赫兮)**	소음인 **슬혜(瑟兮)**

〈사상인과 혁·슬·한·훤〉

사상인의 정기적 마음작용으로 살펴보면, 혁혜(赫兮)는 빛날 혁(赫兮)으로 강한 리더십을 가진 태양인과 연계가 되고, 슬혜(瑟

兮)는 엄숙한 특성으로 신중(愼重)하면서도 단정한 소음인의 모습이다. 한혜(僩兮)는 당당하고 때로는 불같은 특성으로 강직하고 용기가 있는 소양인의 모습이고, 훤혜(喧兮)는 의젓한 특성으로 점잖고 위의(威儀)가 있는 태음인의 중후한 모습으로 연계할 수 있다.

태음인은 훤혜(喧兮)의 모습으로 점잖고 보수적이며 안정을 추구하는 일에 능함이 있지만, 강직함과 용맹스러운 점은 부족하다. 소양인은 한혜(僩兮)의 모습으로 용감하고 강한 추진력을 요하는 일에는 능함이 있지만, 점잖고 안정을 추구하는 일에는 흥미를 느끼지 못하고 잘하지 못한다. 소음인의 슬혜(瑟兮)는 단정하면서도 중후한 모습으로 세심하게 일을 처리하고 정보수집 등 치밀하게 처리해야 하는 일은 잘하지만, 강한 리더십을 발휘하여 집단을 이끄는 일은 잘하지 못한다. 태양인은 밖으로 혁혁(赫赫)하게 드러나는 모습으로 강한 리더십과 소통력으로 대중을 이끄는 일에는 능하지만, 엄중하면서도 세세하고 치밀하게 처리해야 하는 일은 잘하지 못하는 특성이 있다.

詩云於戲라 前王不忘이라 하니 君子는 賢其賢而親其親하고 小人은 樂其樂而利其利하나니 此以沒世不忘也니라

『시경』에 이르기를 '아! 선왕을 잊지 못한다'고 하니, 군자는 그 어진 것을 어질게 하고 그 친한 것을 친하게 하고, 소인은 그 즐거운 것을 즐거워하고 그 이로운 것을 이롭게 하나니, 이것이 세상이 무너져도 잊지 못하는 것이다.

【심해】

『시경』 주송(周頌) 「열문(烈文)」의 말씀으로, 문왕과 무왕의 덕을 칭송하여, 군자가 성인지도를 잊지 못하는 것을 노래하고 있다.

군자는 선왕의 어진 덕을 좋아하는데, 어진 덕이 자신의 마음속에 있는 덕을 밝히는 등불이 되기 때문이다. 유학의 학문적 체계에서는 성인이 앞에 오고 군자가 뒤에 와서(先聖人後君子), 군자는 성인지도(聖人之道)를 세상에 드러내는 것이다.

소인은 선왕의 즐거움을 자신의 즐거움으로 알아서 좋아하고 선왕의 이로움을 자신의 이로움으로 알아서 이롭게 여기기

때문에 백성들이 선왕을 영원히 잊지 못하는 것이다. 여기서 군자와 소인은 대립적 관계가 아니라 각자의 위치에서 하나가 되어 즐거운 것을 즐거워하고 이로운 것을 이롭게 하며 자기 양심을 지키고 살아가는 사람이다.

한편 군자의 어질고 친한 덕과 소인의 즐겁고 이롭게 받아들이는 품성을 사상인의 마음론으로 이해할 수 있다.

『격치고』「독행편」에서는 '예자(禮者)는 드러나고 진실하며(예를 다하고 성의가 있으며), 인자(仁者)는 즐겁고 간략하며(즐겁게 다스리며), 의자(義者)는 정돈되고 가지런하며(단정하여 이롭게 하고), 지자(智者)는 트이고 통달하는 것이다'(禮者顯允, 仁者樂易, 義者整齊, 智者闊達.)라 하여, 군자의 덕성인 현기현(賢其賢)과 친기친(親其親)과 소인의 성품인 락기락(樂其樂)과 리기리(利其利)로 연계할 수 있다.

먼저 사상인의 마음 작용을 살펴보면, 태양인 예자(禮者)는 예(禮)로써 드러나고 진실하여 친함이 있는 것이니 친기친(親其親)과 연계가 되고, 소양인 지자(智者)는 트이고 통달함이니 지혜로움과 현명한 덕성인 현기현(賢其賢)의 모습으로 이해할 수 있다. 태음인 인자(仁者)는 즐겁게 다스리는 지도자의 모습으로 락기락(樂其樂)의 성품과 연계가 되며, 소음인 의자(義者)는 단정하게 살피어 이롭게 함이니 리기리(利其利)의 모습으로 이해할 수 있다.

소양인 **현기현(賢其賢)**	태음인 **락기락(樂其樂)**
태양인 **친기친(親其親)**	소음인 **이기리(利其利)**

〈사상인과 친(親)·현(賢)·락(樂)·리(利)〉

또한 『논어』 「계씨」에서는 '천하에 도가 있으면 서인들이 함부로 비난하지 않는다'(天下有道, 則庶人, 不議.)라 하여, 천하에 성인의 말씀에 따르는 훌륭한 지도자인 유비군자가 있는 아름다운 세상이며, 지어지선의 세계이다. 즉, 각자 자기의 위치에서 최선의 삶을 살아가는 세상이 아름다운 세상인 것이다.

이 장은 지극한 선에 이르는 지어지선(止於至善)의 세계를 말한 것으로, 명명덕(明明德)한 군자가 백성과 하나 되어 조화를 이루면서 살아가는 이상세계를 말하고 있다.

전 4장

본말(本末)

근본과 말단을 안다

근본과 말단을 알기 때문에 송사(訟事)가 일어나지 않게 한다. 「천수송괘(天水訟卦)」에서는 '군자가 이로써 일을 지은 처음을 도모하는 것이다'라 하여, 마음속에 송사(의심)가 있으면 처음 공부를 시작할 때의 마음으로 돌아가는 것이다. 초심(初心)으로 돌아가서 이 공부를 왜 하는가? 이 일을 왜 하는가? 헤아리면, 그 송사는 자연스럽게 해결되는 것이다.

子ㅣ 曰聽訟이 吾猶人也나 必也使無訟乎인져하시니 無情者ㅣ 不得盡其辭는 大畏民志니 此謂知本이니라

공자께서 말씀하시기를 '내가 송사를 듣는 것이 다른 사람과 같으나 반드시 송사가 없게 할 것이구나!' 하시니, 정이 없는 사람이 그 말씀을 다 얻지 못하는 것은 백성의 뜻을 크게 두려워하는 것이니, 이것을 일러 근본을 아는 것이라 한다.

【심해】

공자께서는 송사(訟事)를 듣는 것은 다른 재판관과 같지만 다른 점은 송사가 일어나지 않게 하는 데 근본적인 다름이 있다는 것이다. 송사는 그 시비(是非)를 잘 가리는 것보다 본마음을 회복시킴으로써 애초에 소송이 일어나지 않게 하는 것이 근본적인 해결책인 것이다.

『논어』에서는 '예가 아니면 보지 말며, 예가 아니면 듣지 말며, 예가 아니면 말하지 말며, 예가 아니면 행동하지 말아야 한다'(非禮勿視, 非禮勿聽, 非禮勿言, 非禮勿動.)라 하여, 시(視)·청(聽)·

언(言)·동(動)의 네 가지를 마음속으로 제재(制裁)함으로써 본마음을 기르는 것이다. 『예기』에서는 '분쟁의 해결과 송사의 분별도 예가 아니면 결정할 수 없으며'(分爭班訟, 非禮不決.)라 하여, 송사에서 시비를 가리기 앞서 예의 중요성을 강조하고 있다.

송(訟)은 말씀 언(言)과 공변될 공(公)으로 말씀을 공변되게 하는 것이며, '다투다', '논쟁하다'의 뜻이 있지만, 도학적 입장에서 송사는 성인(聖人)에 대한 의문이나 진리에 대한 의심이 송사로 이어지는 것으로 마음속에서 이루어지는 것이다.

하늘과 내 마음의 송사(訟事)를 하는 것으로, 공부하면서 내 생각이 하늘의 뜻에 맞는지 계속 의심을 하는 것이 하늘에 송사하는 것이다. 이러한 의심의 송사는 빨리 끝내야 믿음이 깊어지고 진리를 깨우칠 수 있는 것이다.

『논어』에서는 '공자께서 말씀하시길 그칠 것이다. 내가 아직 능히 그 허물을 보고 안으로 스스로 송사하는 사람을 보지 못하였다'(子曰已矣乎, 吾未見能見其過而內自訟者也.)라 하여, 송(訟)이 사람들과 소송의 의미보다는 내면적인 송사임을 알 수 있다.

『주역』「천수송괘(天水訟卦)」에서는 '하늘과 물이 어긋나서 행함이 송(訟)이니 군자가 이로써 일을 지은 처음을 도모하는 것이다'(天與水 違行, 訟, 君子以, 作事謀始.)라 하여, 마음속에 송사(의심)가 있으면 처음 공부를 시작할 때의 처음의 마음으로 돌아가야 한다. 즉, 초심(初心)으로 돌아가서 이 공부를 왜 하는가? 이 일을 왜 하는가? 헤아리면 그 송사는 자연스럽게 해결되는 것이다.

또 '송사를 오래 하지 말라는 것이니, 비록 조금은 말이 있지만, 그 분별이 밝은 것이다'(不永所事, 訟不可長也. 雖小有言, 其辯明也.)라 하여, 송사를 벌이지 않는 것도 중요하지만, 송사가 있으면 밝게 분별하여 일찍 마쳐야 하는 것이다. 송사를 길게 끌면 고달프고 마침내는 진리를 볼 수 없는 것이다.

'송사를 이길 수 없으니 명을 취하여 바른 길로 나아가고 마음을 되돌려 골고루 편안하면 길한 것이다'(不克訟, 復卽命, 渝安貞, 吉)라 하여, 송사에 능하지 못한 것으로 자기의 관념으로 진리를 왜곡하고 있기 때문에 송사를 이기지 못하고 근심이 산더미처럼 쌓이는 것이다. 마음에 송사가 있으면 마음의 자세를 바꾸는 것이 필요하고 끝내는 아름답게 그치게 된다.(訟元吉, 以中正也.)

또한 『서경』에서는 '너희들은 떠들썩하게 그릇된 얕은 믿음을 말하고 있으나 나는 송사하는 것을 알지 못합니다'(今汝聒聒, 起信險膚, 子不知乃所訟.)라 하여, 마음속의 송사는 밖으로 시끄럽게 떠들어서 해결되는 것이 아니라 성인의 말씀에 대한 믿음을 깊게 해야 한다.

'정이 없는 사람이 그 말씀을 다 얻지 못하는 것은 백성의 뜻을 크게 두려워하는 것이니'(無情者 不得盡其辭 大畏民志)라 하였는데, 여기에서 '뜻 지'(志)는 땅(地)적 의미이며, '뜻 정'(情)은 인간(人)적 의미이며, '뜻 의'(意)는 천(天)적 입장에서의 뜻을 의미한다. 근본은 하늘에 있고, 하늘의 뜻을 담고 있는 백성들의 마음은 민심(民心)이다. 따라서 하늘의 소리에 송사해서 마음의 의심을 없게 해야 한다.

주희는 이 장을 '본말'(本末)에 대한 설명이라고 하였고, 정자(程子)는 이 장을 글 가운데 쓸데없이 끼어든 '연문'(衍文)이라고 하였다.

전 5장

격물치지(格物致知)

진리에 나아가서 지혜에 이르다

격물치지(格物致知)는 진리에 나아가서 지혜를 자득하는 유학의 공부법이자 수행법이다. 신물(神物)과 시물(時物)에 나아가서 하늘의 진리를 자득하는 것이다.

「풍지관괘(風地觀卦)」에서는 '하늘의 신도(神道)를 깨우쳐 사시(四時)가 어긋나지 않으니, 성인이 신도(神道)로써 설교(設敎)하여 세상이 감복(感服)하는 것이다'라 하여, 성인의 가르침에 따라 격물치지해야 하는 것이다.

此謂知之至也니라

이것을 일러 지혜에 이르는 것이다.

【심해】

이 장은 격물치지에 대한 말씀이지만, 없는 문장이라 주희가 보충한 문장이다.(소위 보망장(補亡章)이라 한다)

格物致知(補亡章)
間嘗竊取程子之意, 以補之.
曰 所謂致知在格物者, 言欲致吾之知, 在卽物而窮其理也.
蓋人心之靈, 莫不有知, 而天下之物, 莫不有理. 惟於理有未窮, 故其知有不盡也. 是以大學始教, 必使學者, 卽凡天下之物, 莫不因其已知之理而益窮之, 以求至乎其極. 至於用力之久而一旦豁然貫通焉, 則衆物之表裏精粗, 無不到,而吾心之全體大用, 無不明矣. 此謂物格, 此謂知之至也.

근간에 일찍이 몰래 정자의 뜻을 취하여 격물(格物)과 치지(致知)의 관계를 보충하였다. 말했던 '앎을 극진히 한다는 것은 사물을 올바로 파악하는 데에 있다'라고 하는 것은 나의 앎을 극진히 하고자 한다면, 사물에 나아가 그 이치를 따지는 데 있음을 말한 것이다.

일반적으로 사람 마음의 신령함은 앎이 있지 않음이 없고, 천하의 사물은 이치가 있지 않음이 없다. 그러나 오직 이치에 대해 따지지 않음이 있기에 앎이 극진하지 않다는 것이다. 이런 까닭으로 태학(太學)에서 처음 가르칠 적엔 반드시 학자에게 모든 천하의 사물에 나아가 이미 아는 이치에 따라 더욱 그것을 따지게 하여, 그 극치에 이르기를 구하지 않음이 없는 것이다.

지력(知力)을 쓴 지 오래되어 하루아침에 환하게 이치를 관통하게 됨에 이르면 뭇 사물의 겉과 속, 정밀함과 거침이 이르지 않음이 없고, 내 마음의 온전한 체(體)와 거대한 용(用)이 밝혀지지 않음이 없다. 이것을 일러 '사물이 이르다'고 하고, 이것을 '앎의 지극함'이라 한다.

전 6장

성의(誠意)

뜻을 참되게 하다

성의(誠意)의 핵심인 자겸(自謙)의 겸(謙)은 「지산겸괘(地山謙卦)」의 괘 이름이다. 겸괘에서는 '겸은 형통하니 군자가 마침이 있는 것이다'라 하여, 군자유종(君子有終)을 밝히고 있다. 군자유종은 군자가 자신에게 주어진 천명(天命)을 다하고 돌아간다는 것이다.

『주역』의 가장 이상적인 인간상은 수고롭지만 겸손한 노겸군자(勞謙君子)이다. 겸손에 더해주는 익겸(益謙), 겸손으로 흐르는 유겸(流謙), 겸손에 복을 주는 복겸(福謙), 겸손을 좋아하는 호겸(好謙)이 있다.

所謂誠其意者는 毋自欺也니 如惡惡臭하며 如好好色이 此之謂自謙이니 故로 君子는 必愼其獨也니라

이른바 그 뜻을 진실하게 하고자 하는 사람은 스스로 속임이 없어야 하는 것이니, 악한 냄새를 미워하는 것 같이 하며 좋은 색을 좋아하는 것 같이 함이니, 이것을 일러 스스로 겸손한 것이니, 그러므로 군자는 반드시 그 홀로 있을 때 삼가는 것이다.

【심해】

이 장은 팔조목(八條目) 중에서 성의(誠意)를 설명한 글이다.

성(誠)이란 왜곡됨이 없는 진실한 마음이며, 뜻(意)은 천의(天意)로 나쁜 것을 미워하는 것 같이 하며, 좋은 것을 좋아하는 것 같이 한다는 두 가지 측면으로 마음이 일어나는 것을 밝히고 있다. 마음의 근본을 이루고 있는 것을 性(성)이라 하고, 이 성(性)이 움직여 구체화 된 것이 정(情)이다.

여(如)는 모든 법에 통달하는 영구히 변하지 않는 성(性)으로

진리성을 의미한다. 불교에서는 진여불성(眞如佛性), 진여본성(眞如本性)의 여(如)로, 진리로부터 진리를 따라서 온 사람이라는 뜻이다.

진리의 자리에서 보면 좋아할 것도 미워할 것도 없다. 하지만 현상에 있어서는 미운 것도 좋은 것도 있다. 미운 것을 미워하지만 미워하는 데 걸리지 말고, 좋은 것을 좋아하지만 좋아하는 데 걸리지 말라는 뜻이다. '죄는 미워하되 사람은 미워하지 말라'는 의미도 그러한 뜻이며, 스스로 겸손한 '자겸'(自謙)이기 때문에 악취를 싫어하고 호색을 좋아하는 것이다.

『논어』에서는 '오직 인자라야 사람을 제대로 좋아하고 사람을 제대로 미워할 수 있는 것이다'(子曰, 惟仁者, 能好人能惡人.)라 하여, 오직 인(仁)한 자는 사랑이 무엇인지 하나님의 본성이 무엇인지 아는 사람이므로 다른 사람을 능히 좋아할 수도 있고 사람을 능히 미워할 수도 있다. 사람을 좋아하는 것도 미워하는 것도 사랑이다. 이것은 하나의 천의(天意)를 진실하게 하는 것으로 현상에서는 이렇게 드러나는 것이다.

「계사상」 제5장에서는 '한 번은 음하고 한 번은 양하는 것을 일러 도(道)라 하니, 이은 것이 선(善)이고 이룬 것이 성(性)이다. 인자가 보면 '인(仁)이라 하고, 지자가 보면 지(知)라 하고, 백성은 날마다 쓰지만 알지 못하는 것이라. 그러므로 군자의 도는 드문 것이다'(一陰一陽之謂道, 繼之者, 善也, 成之者, 性也. 仁者見之,

謂之仁, 知者見之, 謂之知, 百姓日用而不知. 故君子之道, 鮮矣.)라 하여, 음양작용인 도(道)가 선(善), 성(性), 인(仁), 지(知)로 드러남을 밝히고 있다. 태극(太極)의 마음이 음양(陰陽) 작용하는 것이다.

즉, 한 번 좋아도 하고 한 번 싫어도 하는 것이 도(道)이며, 이것을 이은 것이 인간의 본성인 선(善)이고 완성되어 드러남이 성품이다. 하늘의 도를 그대로 계승한 것이 바로 지어지선이면서 우리의 성품임을 알 수 있다. 이는 『맹자』의 성선(性善)과 『대학』의 지어지선(止於至善)이 통하는 개념으로, 그 본성의 세계를 인자가 보면 인(仁)이라 하고, 지자가 보면 지(知)라고 하는데, 이것을 실천하는 모습이 호선(好善)과 오악(惡惡)이다.

오악취(惡惡臭)와 호호색(好好色)의 마음은 사상철학 마음론의 핵심적 내용이다.

『격치고』에서는 '선을 좋아하고 악을 미워하는 것은 사람들이 가지고 있는 정서의 일상적인 것이니'(好善嫉惡, 人情之常也.)라 하여, 인간이 지닌 기본적인 마음을 호선(好善)과 오악(惡惡)으로 설명하고 있다. 오악취와 호호색은 인간 본성의 음양작용인 호선지심(好善之心)과 오악지심(惡惡之心)을 의미한다.

『동의수세보원』「성명론」에서는 '귀는 좋은 소리를 좋아하고, 눈은 좋은 색을 좋아하고, 코는 좋은 냄새를 좋아하고, 입은 좋은 맛을 좋아한다. 좋은 소리는 귀에 순하고, 좋은 색은 눈에 순하고, 좋은 냄새는 코에 순하고, 좋은 맛은 입에 순하다.'(耳好善聲,

目好善色, 鼻好善臭, 口好善味. 善聲, 順耳也, 善色, 順目也, 善臭, 順鼻也, 善味, 順口也.)라 하여, 호선과 오악을 사상인의 마음론으로 확장하고 있다.

즉, 천시(天時)·세회(世會)·인륜(人倫)·지방(地方)인 천기유사(天機有四)를 청·시·후·미하는 이(耳)·목(目)·비(鼻)·구(口)를 호선지심과 결부시켜 선성(善聲)·선색(善色)·선취(善臭)·선미(善味)를 논하고 있다.

『동무유고』에서는 '귀가 천시(天時)를 듣는 것은 하늘의 충성스럽고 후덕한 소리를 좋아하는 것이고, 눈이 세회(世會)를 보는 것은 천하의 부지런하고 검소한 색을 좋아하는 것이며, 코가 인륜(人倫)을 냄새 맡는 것은 인간의 신실하고 도덕적인 냄새를 좋아하는 것이고, 입이 지방(地方)을 맛보는 것은 착하고 서로 사랑하는 맛을 좋아하는 것이다'(善聲, 非淸雅之聲, 善色, 非華麗之色, 善臭, 非苾香之臭, 善味, 非美佳之味, 此等之事, 令人反爲聾盲塞鈌之病, 不爲足稱也. 善聲, 是忠厚之聲, 善色, 是勤儉之色, 善臭, 是信實之臭, 善味, 是仁愛之味, 此等之事, 使人遠倫聰明德慧之正, 可爲所知也.)라 하여, 이·목·비·구의 호선지심에 대해 구체적으로 밝히고 있다.

또한 오악(惡惡)에 대하여, '폐는 악한 소리를 싫어하고, 비는 악한 색을 싫어하고, 간은 악한 냄새를 싫어하고, 신은 악한 맛을 싫어한다. 악한 소리는 폐에 거슬리고, 악한 색은 비에 거슬리고,

악한 냄새는 간에 거슬리고, 악한 맛은 신에 거슬린다'(肺惡惡聲, 脾惡惡色, 肝惡惡臭, 腎惡惡味. 惡聲, 逆肺也, 惡色, 逆脾也, 惡臭, 逆肝也, 惡味, 逆腎也.)라 하여, 사무(事務)·교우(交遇)·당여(黨與)·거처(居處)인 인사유사(人事有四)를 달·합·입·정하는 폐·비·간·신을 오악지심과 결부시켜 악성(惡聲)·악색(惡色)·악취(惡臭)·악미(惡味)를 논하고 있다.

『동무유고』에서는 폐·비·간·신의 오악지심에 대해, '폐가 사무에 통달하는 것은 인간사에서 발생하는 모든 일에 대해 서로 시기하고 비방하는 것을 싫어하는 것이고, 비가 교우에 합하는 것은 인간관계에서 공·사를 구분하지 못해 어지럽히고 혼란스럽게 하는 것을 싫어하는 것이며, 간이 당여를 정립하는 것은 사회적 관계를 친밀하게 맺고 있는 단체나 사람들을 서로 해치거나 이간질하는 음흉한 냄새를 싫어하는 것이고, 신이 거처를 정하는 것은 자신이 안정되게 거처하는 곳을 방해하는 도둑의 맛을 싫어하는 것이다'(惡聲, 非殺伐之聲, 惡色, 非醜陋之色, 惡臭, 非腐備之臭, 惡味, 非辛苦之味, 此等之氣, 令人徒爲掩閉杜吐之勞, 不足爲難也. 惡聲, 是毁謗之聲, 惡色, 是亂悖之色, 惡臭, 是陰害之臭, 惡味, 是偷盜之味, 此等之狀, 使人空成癲狂癩癨之患, 可爲所愼也.)라고 하였다.

즉, 선악과 연계된 성(聲)·색(色)·취(臭)·미(味)는 단순히 감각적인 소리, 색, 냄새, 맛이 아니라 인간이 삶의 여정에서 가져야 할 마음의 자세이며, 노력해야 할 실천적 문제이다.

「성명론」에서 논한 호선·오악의 마음은 「사단론」에서 논한 사상인의 기본적인 애·노·희·락의 성·정과 폐·비·간·신의 장국 대소를 통해 사상인의 마음론으로 확장할 수 있다. 「사단론」의 기본적인 성·정과 장국 대소, 「확충론」의 사상인 능(能)과 불능(不能)을 근거로 사상인의 호선·오악지심을 종합하면 다음과 같다.

태양인은 충성스럽고 후덕한 소리는 잘 듣고 어지럽히고 혼란스럽게 하는 색은 잘 보지만, 신실하고 도덕적인 냄새와 서로 해치거나 이간질하는 음흉한 냄새는 잘 맡지 못하게 된다. 또 소양인은 부지런하고 검소한 색을 잘 보고 헐뜯는 소리는 잘 듣지만, 착하고 서로 사랑하는 맛과 훔치는 도둑의 맛은 잘 느끼지 못한다.

태음인은 신실하고 도덕적인 냄새를 잘 맡고 훔치는 도둑의 맛은 잘 느끼지만, 충성스럽고 후덕한 소리와 헐뜯는 소리는 잘 듣지 못하게 된다. 또 소음인은 착하고 서로 사랑하는 맛을 잘 느끼고 서로 해치거나 이간질하는 음흉한 냄새는 잘 맡지만, 부지런하고 검소한 색과 어지럽히고 혼란스럽게 하는 색은 잘 보지 못하게 된다.

한편 오악(惡惡)과 호호(好好)에 대하여, 왕양명(王陽明, 1472~1528)은 '아름다운 꽃을 본다는 것은 지(知)에 속하고 아름다운 꽃을 좋아한다는 것은 행(行)에 속하는 일이라 하고, 악취를 맡는다(聞)는 것은 지(知)에 속하는 일이고 악취를 미워한다는 것은 행(行)에 속하는 것이다'(見好色屬知 好好色屬行 聞惡臭 屬知 惡惡臭屬行)라 하여, 지행합일론의 근거로 밝히고 있다.

아름다운 꽃을 보는 순간에 저절로 아름다운 꽃을 좋아하게 되는 것이지 아름다운 꽃을 본 후에 좋아하겠다는 결심을 세우고 나서 좋아하는 것은 아니며, 악취를 맡는 순간에 저절로 악취를 미워하게 되는 것이지 악취를 맡은 후에 미워하겠다는 결심을 세우고 나서 미워하는 것이 아니다는 의미로 '오악취 호호색'(惡惡臭 好好色)을 통해 앎과 행동이 일치하는 지행합일론을 주장한 것이다.

다음으로 '신기독'(愼其獨)에서 삼갈 신(愼)은 심(忄)과 참 진(眞)으로 마음을 참되게 하는 것이고, 「산뢰이괘(山雷頤卦)」 대상사에서는 '상에서 말하기를 산 아래에 우레가 있음이 이괘이니 군자가 이로써 말씀을 삼가고 음식을 절도있게 한다'(象曰山下有雷, 頤, 君子以, 愼言語, 節飮食.)라 하고, 「계사상」에서는 '공자께서 말씀하시기를 진실로 땅에 두어도 가하거늘 깔개로 띠 풀을 쓰니 무슨 허물이 있겠는가? 삼가함의 지극함이라. 무릇 띠 풀의 물건은 흔하지만 쓰임은 중요하니 이 재주를 삼가해서 실천함에 잃을 것이 없는 것이다'(初六藉用白茅, 无咎, 子曰苟錯諸地,

而可矣, 藉之用茅, 何咎之有, 愼之至也. 夫茅之爲物, 薄而用, 可重也, 愼斯術也, 以往, 其无所失矣.)라 하여, 군자가 말을 하고 행동을 함에 삼가해야 허물이 없음을 논하고 있다.

또 『중용』 제1장에서는 '도라는 것은 잠시도 떨어질 수 없으니, 떨어지면 도가 아니다. 이러한 까닭으로 군자는 그 보이지 않는 곳에서 경계하고 삼가며 들리지 않는 곳에서 두려워하고 두려워하는 것이다. 숨은 것보다 드러나는 것이 없으며, 작은 것보다 나타나는 것이 없으니 그러므로 군자는 그 홀로 있을 때 삼가는 것이다.'(道也者, 不可須臾離也, 可離, 非道也, 是故, 君子, 戒愼乎其所不睹, 恐懼乎其所不聞. 莫見乎隱. 莫顯乎微, 故君子, 愼其獨也.)라 하여, 진리는 잠시도 자신을 떠나서 존재하지 않고, 떠나면 그것은 진리가 아님을 밝히고 있다. 따라서 우리는 사람들에게 보이지 않고 들리지 않는 곳에서도 경계하고 삼가며 두려워하는 '신기독(愼其獨)'해야 한다.

『격치고』「독행편」에서는 '돌이켜 보건대 홀로 있을 때 삼가하여 다른 사람들이 보지 못하는 바에 있지 않겠는가?'(顧不在於愼其獨, 而人之所不見乎.)라 하여, 신기독(愼其獨)을 홀로 있지만 홀로 있지 않다는 뜻으로 풀이하고 있다. 「독행편」의 독행(獨行)은 '홀로 꿋꿋하게 나아가다'는 뜻인데, '독행'이라는 용어는 『맹자』에서 '세상의 넓은 집에 거처하며, 세상의 바른 자리에 서며, 세상의 대도를 행하여 뜻을 얻으면, 백성들과 함께 도를 행하고, 뜻을 얻지 못하면 홀로 그 도를 행하여, 부귀가 마음을 방탕하게 하지 못하며, 빈천이 절개를 옮겨놓지 못하며, 위무(威武)가 지조를 굽히게 할 수 없는 것을 일러 대장부라고 한다'(居天下之廣居, 立天下之正位, 行天下之大道, 得志, 與民由之, 不得志, 獨行其道, 富貴不能淫, 貧賤不能移, 威武不能屈, 此之謂大丈夫)라 하여, 한 곳에서 '뜻을 얻지 못하면 홀로 그 진리를 행하여'(不得志獨行其道)에서 인용한 것이다.

또한 「독행편」 서문에서는 '이 편은 사람에 대해서 안 연후에 스스로 마음을 바르게 하고 부동심하는 이치를 밝혀놓은 것이요. 진실로 능히 사람을 아는 것을 다해야 마음을 바르게 하고 부동심한다는 것을 밝힌 것이 아니다'(曰此篇, 發明知人然後, 正心不動心之理也, 非眞能盡知人, 正心不動心者也)라 하여, 완전하게 지인(知人)해야 정심과 부동심할 수 있다는 것을 밝힌 것이고, 사람에 대하여 안 연후에 정심(正心)과 부동심할 수 있는 이치를 설명하고 있다.

한편 『중용』에서는 『시경』에 이르길 '잠긴 것이 비록 엎드려 있으나 또한 매우 밝다.' 하니, 그러므로 군자는 안을 살펴서 잘못됨이 없음으로써 마음에 악한 것이 없으니, 군자의 미칠 수 없는 것은 오직 사람이 보지 않는 바에 있구나!'(詩云潛雖伏矣, 亦孔之昭, 故君子, 內省不疚, 無惡於志, 君子之所不可及者, 其唯人之所不見乎.)라 하여, 신기독(愼其獨)을 해야 하는 것의 의미를 밝히고 있다. 즉, 나쁜 마음을 숨기고 있다 하더라도 밖으로 드러나 다른 사람이 먼저 알게 되니, 그러므로 군자는 안으로 살펴보아 티끌만 한 허물도 없어야 그 뜻에 부끄러움이 없다.

이어서 자겸(自謙)의 겸손할 겸(謙)은 『주역』의 15번째 괘인 「지산겸괘(地山謙卦)」의 괘 이름이다. 「지산겸괘」에서는 '겸은 형통하니 군자가 마침이 있는 것이다'(謙, 亨, 君子, 有終.)라 하여, 군자유종(君子有終)을 밝히고 있다. 군자유종은 군자가 자신에게 주어진 천명(天命)을 다하고 돌아간다는 것이다.

「지산겸괘」 단사(彖辭)에서는 '하늘은 가득 찬 것을 이지러지게 하고 겸손함에 더해주고, 땅은 가득 찬 것을 변화시키고 겸손에 흐르게 하고, 귀신은 가득 찬 것을 해치고 겸손에 복을 주고, 사람은 가득 찬 것을 미워하고 겸손을 좋아하는 것이다'(天道, 虧盈而益謙, 地道, 變盈而流謙, 鬼神, 害盈而福謙, 人道, 惡盈而好謙.)라 하여, 겸덕(謙德)은 천도(天道)·지도(地道)·귀신(鬼神)·인도(人道)를 일관하는 것이다.

또 「계사하」 제7장에서는 '겸괘는 덕의 자루이고, 겸괘는 높아서 빛나고, 겸괘로써 예를 제정하고'(謙, 德之柄也, 謙, 尊而光, 謙以制禮.) 라 하여, 덕을 실천하는 겸덕(謙德)의 공능(功能)을 밝히고 있다.

『주역』의 가장 이상적인 인간상은 수고롭지만 겸손한 노겸군자(勞謙君子)이다. 「지산겸괘」 구삼효(九三爻)의 노겸군자는 「중천건괘(重天乾卦)」의 삼효(三爻)의 '군자가 하루를 마치도록 강건하고 강건하여 저녁에 근심하는 것 같으면 위태로우나 허물은 없는 것이다'(九三, 君子, 終日乾乾, 夕惕若, 厲, 无咎.)를 계승한 군자로, 노겸군자는 만백성(萬百姓)이 복종하는 지도자로, 마침이 있고 길한 것이다.

「계사상」 제8장에서는 '수고롭지만 겸손하니 군자가 마침이 있으니 길한 것이라 하니, 수고롭지만 자랑하지 않으며, 공이 있지만 덕이라 하지 않음이 두터움의 지극한 것이니, 그 공을 다른 사람의 아래로 말하는 것이다. 덕은 성대함을 말하고 예는 공손함을 말하는 것이니 겸손이라는 것은 지극히 공손하여 그 자리를 보존하는 것이다'(勞謙, 君子, 有終, 吉, 子曰勞而不伐, 有功而不德, 厚之至也, 語以其功下人者也, 德言盛, 禮言恭, 謙也者, 致恭, 以存其位者也.)라 하여, 노겸군자의 모습을 구체적으로 그리고 있다.

『서경』에서는 '가득 찬 것은 덜어냄을 부르고, 겸손은 더함을 받는 것이니, 이것이 천도(天道)이다'(滿招損 謙受益 時乃天道)라 하여, 겸손을 논하고 있다.

이상에서 살펴본 바와 같이 자겸(自謙)은 정심(正心)이며, 호선(好善)과 오악(惡惡)의 마음을 바르게 사용하는 것이다.

小人이 閒居에 爲不善호대 無所不至하다가 見君子而后에 厭然揜其不善하고 而著其善하나니 人之視己ㅣ 如見其肺肝이니 然則何益矣리오 此謂誠於中이면 形於外니 故로 君子必愼其獨也니라

소인이 한가하게 거할 때 선하지 못한 것을 하되 이르지 않는 바가 없다가 군자를 본 이후에 그 자기의 불선(不善)을 가리고 그 선(善)한 것을 나타내나니, 다른 사람이 자기를 보는 것이 그 폐나 간을 보는 것 같이 하니, 그런즉 무슨 더함이 있겠는가? 이것을 일러서 그 본성 가운데에서 진실되면 밖으로 형상이 있는 것이니, 그러므로 군자는 반드시 그 홀로 있을 때 삼가는 것이다.

【심해】

소인은 군자와 대비되는 개념으로 혼자 한가하게 있을 때 흐트러지고 선한 일을 하지 않고 일을 사사로이 꾸미다가

군자를 보게 되면, 선한 일을 한 것처럼 드러내지만 가식(假飾)으로 꾸미는 것이 무슨 이익이 있겠는가? 홀로 있을 때 삼가며 쌓아가는 내면의 덕은 밖으로 드러나게 된다.

『맹자』에서는 '맹자께서 말씀하시길 인(仁)하면 영예롭고 불인(不仁)을 하면 욕된 것이니, 지금 사람은 욕된 것은 싫어하면서 인하지 못한데 거하는 것이 축축한 습기는 미워하면서 저 아래에 거하는 것 같다'(孟子曰, 仁則榮, 不仁則辱, 今 汚辱而居不仁, 是猶惡濕而居下也.)라 하고, 또 '지금에 나라가 한가하거든 이 때에 미쳐 반락태오(꾸미고 즐기고 태만하고 오만함)를 하나니, 스스로 재앙을 구하는 것이라. 화복이 스스로 자기가 구하지 않는 바가 없다'(今國家閒暇, 及是時, 般樂怠敖, 是 自求禍也, 禍福, 無不自己求之者.)라 하여, 영예를 좋아하고, 욕됨을 싫어하는 것은 사람의 항상된 정(情)이라 하지만 욕됨을 싫어하기만 하고, 그 욕을 버리지 않으면 화를 얻게 되는 것이다. 즉, 자기가 지은 업대로 가는 것이다.(自作孽)

그러므로 마음속에서 진실함을 끊임없이 추구하면 밖으로 드러나기 때문에 혼자 있을 때도 그 마음속의 뜻을 진실하게 하여 조심해야 한다.

사람의 소인적 욕심인 반·락·태·오(般樂怠傲)에서 반(般)은 '돌리다', '옮기다'의 의미이지만, 왜곡된 마음에서는 밖으로 화려하게 꾸미는 것을 좋아하여 허영을 즐기는 것이고, 락(樂)은

'즐기다'는 의미로 과도한 음주나 오락(게임)을 즐기는 것이다. 태(怠)는 나태한 것으로 게으른 것이고, 오(傲)는 거만하여 다른 사람을 업신여기는 것이다.

스스로 재앙을 구하는 네 가지인 반·락·태·오(般樂怠傲)의 의미를 사상철학의 마음론으로 해석할 수 있다. 반(般)은 소음인의 탈심(奪心)과 연계되어, 사회의 공공성보다는 자기 편의대로 생각하고 놀 궁리만 하는 마음이고, 락(樂)은 태양인의 절심(竊心)으로 물질을 탐닉하고 돈과 재물에서 즐거움을 찾게 되는 왜곡된 마음이다.

또 태(怠)는 소양인의 왜곡된 마음인 나심(懶心)으로 권세를 좇아 살다 결국 술과 음식을 탐닉하여 게으름에 빠져 남에게 의지하는 나태함이고, 오(敖)는 태음인의 치심(侈心)과 연계되어, 자기가 최고라는 생각으로 다른 사람을 무시해서 오만하게 행동하며 결국 다른 사람을 자기의 이득을 위한 도구로 이용하는 그릇된 마음이다.

다음으로 더할 익(益)은 '더하다', '증가', '유익하다' 등의 뜻으로, 64괘의 42번째 괘이름이다. 「풍뢰익괘(風雷益卦)」에서는 '익(益)은 위를 덜어서 아래에 더하니, 백성의 기쁨이 한계가 없고, 위로부터 아래로 내리니 그 도가 크게 빛나는 것이다'(益, 損上益下, 民說无疆, 自上下下, 其道大光.)라 하여, 형이상의 진리가 아래의 사람들에게 더해지는 것이다. 또 '더함은 움직이고 들어감이니 날로 나아가서 한계가 없으며, 하늘은 베풀고 땅은 기르니 그 더함이 방소가 없다. 무릇 익(益)의 도(道)는 천시와 더불어 행하는 것이다'(益, 動而巽, 日進无疆, 天施地生, 其益, 无方, 凡益之道, 與時偕行.)라 하여, 천시지생(天施地生)하는 것이다.

「풍뢰익괘」 대상사(大象辭)에서는 '군자가 이로써 선을 보고는 옮기고 허물이 있으면 고치는 것이다'(君子 以 見善則遷 有過則改)라 하여, 하늘의 진리가 더해져서 선을 보면 실천하고 허물이 있으면 고치는 것이다. 내 마음에 하늘의 은택을 더하기 위해서는 선을 보면 실천하고, 허물을 보면 고치는 '천선개과'(遷善改過)를 해야 한다. 일반적으로 '허물은 고치고 선은 옮긴다'는 개과천선(改過遷善)을 사용하고 있다. 자기의 잘함을 먼저 실천하고 허물을 고치는 것과 허물을 고치고 선을 실천하는 것은 차이가 있다. 선(善)은 천도(天道)를 계승한 인간 본성으로 이해한다면, 허물을 고치고 다음에 선(善)으로 옮겨지는 것이 아니라, 자기의 양심을 알아서 실천하면, 허물은 자연히 고쳐지는 것이다.

『논어』에서는 '내 일찍이 종일 먹지 않으며 밤새도록 잠들지 않아서 생각하니 더함이 없는 것이라 배움만 같지 못한 것이다'(子日吾嘗終日不食, 終夜不寢, 以思, 無益, 不如學也.)라 하여, 마음에 더해짐은 배움과 생각이 함께 해야 하는 것이다. 『맹자』에서는 '구하면 얻고 버리면 잃으니, 이 구함은 얻음에 더함이 있으니 구함이 나에게 있기 때문이다'(孟子曰, 求則得之, 舍則失之, 是求, 有益於得也, 求在我者也.)라 하여, 자득(自得)이 더해지는 것은 밖으로 얻어지는 것이 아니라 자신에서 얻어지는 것이다.

曾子ㅣ 曰十目所視며 十手所指니 其嚴乎인져 富潤屋이오 德潤身이라 心廣體胖하나니 故로 君子는 必誠其意니라

증자께서 말씀하시기를 '열 눈이 보는 바며 열 손가락이 가리키는 바이니, 아! 무섭구나!' 부귀한 것은 집을 윤택하게 하고, 덕은 몸을 윤택하게 하는 것이라 마음이 넓고 몸이 편안하게 펴지는 것이니, 그러므로 군자는 반드시 그 뜻을 진실하게 해야 하는 것이다.

【심해】

열 눈이 나를 보고 열 손가락이 나를 가리키고 있으니 홀로

있을 때 조심하라는 뜻이다.

십(十)은 하늘을 의미하는 것으로 하늘이 다 보고 있으며, 세상 사람들이 다 보고 있다. 즉, 내 마음의 양심이 다 지켜보고 있다는 뜻이다. 혼자 마음속으로 꾸미는 일일지라도 다른 사람이 모를 것 같지만 모든 눈이 바라보고 있고, 모든 손이 가리키고 있는 것으로 어찌 무섭지 아니하겠는가?

덕(德)은 우리의 마음을 윤택하게 해 준다. 마음(心)에는 우리의 육신적 의미는 없고 오로지 심리적 마음을 표현할 때만 쓰는 것으로 육신과 마음을 함께 표현할 때는 신(身)을 쓴다. 몸 신(身) 속에는 마음이 들어 있으므로 몸을 닦는 것(修身)은 마음을 닦는 것이다. 신(身)과 비교해서 몸 체(體)는 단순히 몸을 나타낸다. 그러므로 덕(德)이라는 것은 몸과 마음을 올바르게 유지하며, 그 결과로 몸 또한 윤택해지는 것이다.

심광체반(心廣體胖)은 마음공부를 하는 사람들의 궁극적 지향으로, 진리에 대한 믿음과 성인지도를 배우는 데에서 얻어지는 것이다.

전 7장

정심(正心), 수신(修身)

마음을 바르게 하고, 몸과 마음을 닦다

몸과 마음을 닦는 수신(修身)을 「수산건괘(水山蹇卦)」에서는 '군자가 이로써 자신에게 돌아가서 덕을 닦는 것이다'라 하여, '반신수덕'(反身修德)으로 밝히고 있다. 하늘이 고난을 줄 때는 자신의 마음으로 돌아가서 하늘이 준 양심을 닦아나가야 한다.
건괘(蹇卦)는 어려움을 말하는데, 하늘이 어려움을 쓰는 것은 고난을 통해 그 사람을 기르고 더 크게 쓰기 위함인 것이다.

所謂修身이 在正其心者는 身有所忿懥則不得其正하고 有所恐懼則不得其正하고 有所好樂則不得其正하고 有所憂患則不得其正이니라

이른바 몸을 닦는 것이 그 마음을 바르게 하는 데 있다는 것은 몸(마음)에 성내는 바가 있으면 그 바름을 얻지 못하고, 두려워하는 바가 있으면 그 바름을 얻지 못하고, 그 좋아하고 즐거운 바가 있으면 그 바름을 얻지 못하고, 그 걱정하는 바가 있으면 그 바름을 얻지 못하는 것이다.

【심해】

이 장은 팔조목 가운데 수신(修身)과 정심(正心)의 관계를 설명한 글이다. 몸 신(身)은 몸과 마음이 일체화된 것을 나타낸 것으로, 신(身)에는 마음이 들어있다.

「수산건괘(水山蹇卦)」에서는 '산 위에 물이 있음이 건괘(蹇卦)이니, 군자가 이로써 자신에게 돌아가서 덕을 닦는 것이다'(山上有水ㅣ蹇이니 君子ㅣ 以하야 反身脩德하나니라)라 하여, 하늘이 고난을 줄

때는 자신의 마음으로 돌아가서 하늘이 준 양심을 닦아나가는 것이다.

팔조목에서 마음을 바르게 하지 못함을 분치(忿懥)·공구(恐懼)·호락(好樂)·우환(憂患)의 네 가지로 밝히고 있다. 분치·공구·호락·우환은 『대학』의 사심(四心)으로 우리가 경계해야 할 마음이다. 마음을 바르게 하는 것은 마음에만 걸리는 것이 아니라, 몸의 문제로 확장되기 때문에 팔조목에서는 이어서 수신(修身)을 논하고 있다. 몸을 닦는 것은 마음을 바르게 하는 것으로, 신(身)은 단순히 육체를 나타내는 체(體)의 의미가 아니라, 마음과 몸이 일체화된 것을 나타내는 것이다.

정이천(程伊川)은 '신유소분치'(身有所忿懥)에서 신(身)을 마음(心)으로 바꿔야 한다고 주장(程子曰, 身有之身, 當作心.)하였으나, 분치(忿懥)·공구(恐懼)·호락(好樂)·우환(憂患)의 감정이 치우침에 의하여 내 몸이 지배를 받으면 마음이 바르게 될 수 없다는 것이다.

물질과 정신문명은 하나이다. 안(心)에 있으면 정신문명이고, 밖에 있으면 물질문명이다. 고도의 물질문명은 고도의 정신문명을 기반으로 하고, 고도의 정신문명은 고도의 물질문명을 만들어낸다.

분치(忿懥)·공구(恐懼)·호락(好樂)·우환(憂患)은 모두가 마음의 작용으로, 사람이라면 가지고 있는 감정이다. 그 가운데 한 가지라도 살피지 못한다면, 곧 욕심이 일어나 그 감정을 넘게 되고, 작용의 결과로 바름을 얻지 못하게 되는 것이다.

이 네 가지의 마음 작용을 사상철학의 마음론으로 풀이할 수 있다. 『동의수세보원』에서 밝히고 있는 사상인의 애·노·희·락(哀怒喜樂) 정기(情氣)와 연계가 되고, 또 사상인의 항상있는 마음인 항유지심(恒有之心)과 만나게 된다.

『동의수세보원』에서는 '태양인은 슬픔이 지극하여 제지하지 못하면 분노가 밖으로 격동하고, 소양인은 분노가 지극하여 이기지 못하면 비애가 마음 가운데에서 일어나고, 소음인은 즐거움이 지극하여 이루지 못하면 기뻐하고 좋아하는 것이 일정하지 못하고, 태음인은 기쁨이 지극하여 다스리지 못하면 사치하고 즐거워하는 것이 싫어함이 없는 것이다'(太陽人, 哀極不濟則忿怒, 激外, 少陽人, 怒極不勝則悲哀, 動中, 少陰人, 樂極不成則喜好, 不定, 太陰人, 喜極不服則侈樂, 無厭.)라 하여, 사상인의 애·노·희·락을 논하고 있다.

즉, 태양인은 애성노정(哀性怒情)으로 노(怒)의 성품이 밖으로 격동하고, 소양인은 노성애정(怒性哀情)으로 슬픔이 마음 가운데 동하고, 소음인은 낙성희정(樂性喜情)으로 기쁘고 좋아함이 일정하지 못하고, 태음인은 희성락정(喜性樂情)으로 사치하고 즐거움을 싫어함이 없는 것이다. 여기서 분노(忿怒)·비애(悲哀)·희호(喜好)·치락(侈樂)의 네 가지 왜곡된 마음을 찾을 수 있다.

분노·비애·희호·치락은 『대학』의 분치·공구·호락·우환과 서로 대응된다. 먼저 태양인의 분노(憤怒)는 분치(忿懥)로, 태음인의 치락(侈樂)은 호락(好樂)과 직접 대응되고, 소양인의 비애(悲哀)는 공구(恐懼)와, 소음인의 희호(喜好)는 우환(憂患)과 각각 대응된다. 따라서 사상인의 애·노·희·락의 정기의 작용이 직접 『대학』의 네 가지 마음과 관계가 있음을 알 수 있다.

또한 『격치고』 「유략」에서는 '지혜롭지 못하면 도움이 없어서 근심하고, 어질지 못하면 서지 못하여 두려워하고, 예의가 없으면 괴팍하여 성내고, 의로움이 없으면 게을러서 노는 것을 좋아한다'(不智則無助而憂患, 不仁則不立而恐懼, 無禮則格戾而忿懥, 無義則偷惰而好樂, 是可堪乎可哀也已.)라 하여, 인·의·예·지에서 지는 근심, 인은 두려움, 예는 성냄, 의는 노는 것을 좋아하는 마음과 연계시키고 있다. 이를 분치·공구·호락·우환에 대응하면, 근심은 우환, 두려움은 공구, 성냄은 분치, 노는 것을 좋아함은 호락에 배치되는 것이다.

또 「독행편」에서는 '비자(鄙者)의 마음에 항상 화내는 마음이 있는 것은 항상 욕구하는 바를 얻지 못하기 때문이고, 나자(懦者)의 마음에 항상 즐거운 것을 좋아하는 마음이 있는 것은 항상 원하는 것을 얻고자 하기 때문이며, 탐자(貪者)의 마음에 항상 두려운 마음이 있는 것은 타인에게서 취하는 것이 많으나 항상 계속되지 않기 때문이고, 박자(薄者)의 마음에 항상 근심하는 마음이 있는 것은 자기를 아끼는 것이 치밀하지만 항상 부족하기 때문이다.'(鄙者之心, 恒有忿 之心者, 恒無得所欲之故也, 懦者之心, 恒有好樂之心者, 恒欲得所欲之故也, 貪者之心, 恒有恐懼之心者, 取於人者, 不爲不多, 而恒不繼之故也, 薄者之心, 恒有憂患之心者, 吝於己者, 不爲不密, 而恒不足之故也.)라 하여, 분치·공구·호락·우환을 비·박·탐·나인의 마음으로 드러내고 있다.

비인(鄙人)은 성내는 마음, 나인(懦人)은 즐거운 것을 좋아하는 마음, 탐인(貪人)은 두려운 마음, 박인(薄人)은 근심하는 마음을 가지고 있다. 비·박·탐·나인의 왜곡된 마음과 사상인의 관계에서는 정확하게 일치하지는 않고 있다.

『동의수세보원』「사단론」에서는 '사람들이 욕심을 좇아가는 것이 네 가지 같지 않으니, 예를 버리고 방종(放縱)하는 사람을 비인(鄙人)이라 하고, 의를 버리고 나태한 사람을 나인(懦人)이라 하며, 지를 버리고 사사로이 꾸미는 자를 박인(薄人)이라 하고, 인을 버리고 극욕(極慾)하는 사람을 탐인(貪人)이라 한다'(人趍心慾, 有四不同, 棄禮而放縱者, 名曰鄙人, 棄義而偷逸者, 名曰懦人, 棄智而飾私者, 名曰薄人, 棄仁而極慾者, 名曰貪人.)라 하여, 비·박·탐·나인의 마음을 방종·투일(偷逸)·식사(飾私)·극욕의 네 가지 마음으로 밝히고 있다.

분치·공구·호락·우환과 사상인의 관계를 정리하면, 태양인이 예의가 없으면 성내는 마음이 생겨 방종하는 사람이 되고, 태음인이 어질지 못하면 두려워하는 마음이 생겨 욕심 많은 사람이 되고, 소음인이 의로움이 없으면 즐기는 것을 좋아해 나태한 사람이 되고, 소양인이 지혜롭지 못하면 우환이 생겨 사사로이 꾸미는 사람이 되는 것이다.

또한 「사상인변증론」에서는 사상인의 마음에 대해, '태음인의 겁심(怯心)이 왜곡되면 두려운 마음이 되어 정충(怔忡)의 큰 병이 되고, 소양인의 구심(懼心)이 왜곡되면 공포심이 되어 건망증의 큰 병이 되며, 소음인은 항상 불안한 마음이 있고, 태양인은 항상 급박한 마음이 있다'(太陰人, 恒有怯心, 怯心, 寧靜則居之安, 資之深而造於道也, … 少陽人, 恒有懼心, 懼心, 寧靜則居之安, 資之深而造於道也, … 少陰人, 恒有不安定之心, 不安定之心, 寧靜則脾氣, 卽活也. 太陽人, 恒有急迫之心, 急迫之心, 寧靜則肝血, 卽和也.)라 하여, 사상인의 항상있는 마음으로, 태음인은 겁내는 마음, 소양인은 두려운 마음, 태양인은 급박(急迫)한 마음, 소음인은 불안정한 마음이 있는 것이다.

이어서 '태음인은 밖을 잘 살펴서 항상 겁내는 마음을 안정시키고 고요하게 하고, 소양인은 안을 잘 살펴서 항상 두려운 마음을 안정시키고 고요하게 하고, 태양인은 한 걸음 물러서서 항상 급박한 마음을 안정시키고 고요하게 하고, 소음인은 한 걸음 나아가서 항상 불안정한 마음을 안정시키고 고요하게 할 것이다'(余 足之曰太陰人, 察於外而恒寧靜怯心, 少陽人, 察於內而恒寧靜懼心, 太陽人, 退一步而恒寧靜急迫之心, 少陰人,

進一步而恒寧靜不安定之心, 如此則必無不壽.)라 하여, 사상인의 항상있는 마음을 고요하게 하는 방법을 「확충론」에서 논한 애·노·희·락의 정기(情氣)와 연계시켜 논하고 있다.

따라서 태음인의 락정은 항상 안을 지키려고만 하기 때문에 겁심(怯心)으로 이어지고, 소양인의 애정은 항상 밖으로만 이기려고 하기 때문에 구심(懼心)으로 이어지며, 태양인의 노정은 항상 수컷이 되려고 하기 때문에 급박지심(急迫之心)으로 이어지고, 소음인의 희정은 항상 암컷이 되고자 하기 때문에 불안정지심(不安定之心)으로 이어진다는 것이다.

분치·공구·호락·우환과 사상인의 항상있는 마음을 정리하면, 먼저 분치(忿憓)는 태양인의 노정기(怒情氣)에 해당하는 몹시 급한 감정의 기운으로 태양인은 화내는 마음이 있으면 그 바름을 얻지 못하고, 성내고 화를 내는 마음은 결국 급박지심에서 나오는 것이다. 그러므로 태양인은 화의 감정을 잘 다스릴 줄 알아야 하며, 급할수록 돌아가라는 말을 명심해야 한다.

공구(恐懼)는 소양인의 애정기(哀情氣)에 해당하는 두려워서 슬픈 감정의 기운으로, 소양인은 두려워하는 마음이 있으면 그 바름을 얻지 못하고, 두렵고 슬픈 마음은 결국 구심(懼心)에서 나오는 것이다. 그러므로 소양인은 두렵고 슬픈 감정을 잘 다스릴 줄 알아야 하며, 두려워 말고 원래 가진 강직함과 용기를 가지고 위태로움을 극복할 수 있는 지혜를 가져야 한다.

호락(好樂)은 태음인의 락정기(樂情氣)에 해당하는 즐거움의 기운으로, 태음인은 즐거움에 치우쳐 빠져 버리는 마음이 있으면 그 바름을 얻지 못한다. 그러므로 태음인은 지나치게 즐거워하는 감정을 잘 다스릴 줄 알아야 하며, 치우친 즐거움은 겁내는(怯) 마음에서 오는 것을 알아서 향락에 빠져 쾌락을 추구하는 것을 경계해야 한다.

우환(憂患)은 소음인의 희정기(喜情氣)에 해당하는 걱정과 근심이 많은 감정의 기운으로, 소음인은 걱정과 근심이 있으면 그 바름을 얻지 못하고, 걱정과 근심은 결국 불안정지심(不安定之心)에서 나오는 것이다. 그러므로 소음인은 걱정과 근심의 불안한 마음을 가라앉히고 원래 지니고 있는 중후하고 신중함으로 안정을 회복해야 한다.

소양인 **공구(恐懼)** **구심(懼心)**	태음인 **호락(好樂)** **겁심(怯心)**
태양인 **분치(忿懥)** **급박(急迫)**	소음인 **우환(憂患)** **불안(不安)**

〈분치·공구·호락·우환과 사상인의 항상 있는 마음〉

心不在焉이면 視而不見하며 聽而不聞하며 食而不知其味니라
此謂修身이 在正其心이니라

마음이 있지 않으면 보아도 보이지 않고, 들어도 들리지 않고, 먹어도 그 맛을 알지 못하는 것이다. 이것을 일러 몸을 닦는 것이 그 마음을 바르게 하는 데 있다고 하는 것이다.

【심해】

육체는 마음에 의해 움직여지는 것이므로 마음이 보려고 하는 의욕(目)과 들으려 하는 의욕(耳), 먹으려 하는 의욕(口, 鼻 : 먹는다는 것은 입(口)뿐만 아니라 코(鼻)도 함께 들어있다.)을 갖고 있지 않으면, 물체를 인식할 수 없으며, 소리가 들리지 않으며, 맛이 인식되지 않는다. 그러므로 몸을 닦는 것은 그 마음을 바로잡는 데 있다고 하는 것이다.

이·목·비·구는 마음에 근거를 둔 심관(心管)인데, 『동의수세보원』에서는 '하늘의 기틀은 넷이 있으니, 첫째는 지방이고, 둘째는 인륜이고, 셋째는 세회이고, 넷째는 천시이다. 귀는 천시를 듣고, 눈은 세회를 보고, 코는 인륜을 냄새 맡고, 입은 지방을 맛보는 것이다'(天機有四, 一曰地方, 二曰人倫, 三曰世會, 四曰天時. 耳聽天時, 目視世會, 鼻嗅人倫, 口味地方.)라 하여, 이·목·비·구는 천시·세회·인륜·지방을 청(聽)·시(視)·후(嗅)·미(味) 하는 인격적 기관임을 말하고 있다.

귀가 하늘의 소리를 듣는다는 것은 하늘의 뜻은 말씀으로 전해지기 때문이고, 눈으로는 하늘의 사랑이 전개되는 세상의 모임을 보며, 코로는 사랑을 실천하는 사람의 감정적 냄새를 맡고, 입으로는 인격적 사람이 살아가는 지방의 맛을 보는 것이다. 넷으로 드러나는 하늘의 인격적 작용을 인간은 이·목·비·구를 통해 받아들이게 되는 것임을 보여준다.

즉, 귀는 좌우에 있어서 음양의 이치를 듣는 것이고, 눈은 좌우를 통해 드러난 세계를 인식하며, 코는 하나이지만 좌우의 구멍을 통해 소통하는 것이고, 입은 하나이지만 형이상·하가 조화를 이루는 기관으로 형이하의 대상 사물을 먹지만 형이상의 말을 하는 심관(心官)임을 알 수 있다.

『맹자』에서는 '입이 맛에 있어서와 눈이 색깔에 있어서와 귀가 소리에 있어서와 코가 냄새에 있어서와 사지가 편안함에 있어서는 본성이지만 사명(使命)이 있기 때문에 군자가 이것을 성(性)이라 이르지 않는다'(孟子曰, 口之於味也, 目之於色也, 耳之於聲也, 鼻之於臭也, 四肢於安佚也, 性也, 有命焉, 君子不謂性也.)라 하여, 이·목·비·구의 하고자 함은 본성이지만, 군자는 천명(天命)을 알기 때문에 본성이라 하지 않는 것이다.

『정전』에서는 “이 원상은 눈을 사용할 때에 쓰는 것이니 원만 구족한 것이며 지공 무사한 것이로다. 이 원상은 귀를 사용할 때에 쓰는 것이니 원만 구족한 것이며 지공 무사한 것이로다. 이 원상은 코를 사용할 때에 쓰는 것이니 원만 구족한 것이며 지공 무사한 것이로다. 이 원상은 입을 사용할 때에 쓰는 것이니 원만 구족한 것이며 지공 무사한 것이로다. 이 원상은 몸을 사용할 때에 쓰는 것이니 원만 구족한 것이며 지공 무사한 것이로다. 이 원상은 마음을 사용할 때에 쓰는 것이니 원만 구족한 것이며 지공 무사한 것이로다.”라 하여, 근본적 입장에서 눈과 귀와 코와 입과 몸과 마음은 모두 일원상의 진리를 사용하는 것으로 원만구족(圓滿具足)하고 지공무사(至公無私)함을 밝히고 있다.

전 8장

수신(修身), 제가(齊家)

몸과 마음을 닦고, 가정을 가지런히 하다

가정을 가지런히 하는 가도(家道)는 「풍화가인괘」에서 직접 밝히고 있다. 가인괘(家人卦)에서는 '가인은 여자의 곧음이 이로운 것이다'라 하고, '여자는 안에서 바르게 자리하고 남자는 밖에서 바르게 자리하니 남녀가 바른 것은 하늘과 땅의 위대한 뜻이다'라 하여, 가정을 가지런히 하는 것은 천지(天地)의 위대한 뜻임을 밝히고 있다.

所謂齊其家ㅣ 在修其身者는 人이 之其所親愛而辟焉하며 之其所賤惡而辟焉하며 之其所畏敬而辟焉하며 之其所哀矜而辟焉하며 之其所敖惰而辟焉하나니 故로 好而知其惡하며 惡而知其美者ㅣ 天下에 鮮矣니라

이른바 그 가정을 가지런히 함이 몸을 닦음에 있는 것은 사람이 가까이 하고 사랑하는 데 치우치며, 천히 여기고 미워하는 데 치우치며, 두려워하거나 존경하는 데 치우치며, 가엾고 불쌍히 여기는 데 치우치며, 오만하고 게으름에 치우치는 것이니, 그러므로 좋아하면서도 그 악을 알고 미워하면서도 그 좋음(아름다움)을 아는 사람은 세상에 드문 것이다.

【심해】

이 장은 제가(齊家)와 수신(修身)을 설명하고 있다.

가정과 국가를 다스리는 것은 모두 내 마음에 있으므로 선을

좋아하면서도 그 사람의 악이 잘못된 것도 볼줄 알아야 한다. 또 나쁜 사람이지만 그 사람이 가진 좋은 점을 볼줄 알아야 한다. 이것이 곧 호선지심(好善之心)과 오악지심(惡惡之心)을 근본으로 하는 인간의 마음 작용이다.

지나치게 아끼고 사랑하면 치우칠 수 밖에 없고(자식 사랑), 너무 미워하거나 천하게 여기면 자신의 편벽(偏僻)된 사유에 가려 그 결점을 보지 못하는 것이다.

『중용』에서는 '공자께서 말씀하시기를 도가 행해지지 않음을 내 아는 것이다. 지혜로운 사람은 지나치고 어리석은 사람은 미치지 못하는 것이다. 도가 밝지 못함은 내가 아는 것이다. 어진 사람은 지나치고 어리석은 사람은 미치지 못하는 것이다. 사람들이 마시고 먹지 않음이 없지만, 그 맛을 아는 사람은 드문 것이다'(子曰道之不行也, 我知之矣. 知者, 過之, 愚者, 不及也. 道之不明也, 我知之矣. 賢者, 過之, 不肖者, 不及也. 人莫不飮食也, 鮮能知味也.)라 하여, 지혜로운 자는 앎이 지나쳐 중도(中道)를 넘어서고 어리석은 자는 앎에 이르지 못하므로 중도(中道)를 행할 수 있는 사람은 드문 것이다. 즉, 중도란 치우치지 않는 마음 작용임을 알 수 있다.

『예기』「곡례상(曲禮上)」에서는 '어진 사람은 가깝더라도 공경하고, 두렵더라도 사랑하며, 사랑하면서도 그 나쁜 점을 알고 미워하더라도 그 좋은 점을 알 수 있는 것이다. 재물을 쌓더라도 능히 이를 나눌 줄 알고, 편안함을 편히 여기지만 능히 옮길 줄 알아야 한다'(賢者, 狎而敬之, 畏而愛之. 愛而知其惡, 憎而知其善. 積而能散, 安安而能遷.)라 하여, 치우지지 않음을 말하고 있다.

사람을 가까이하고 사랑하는 마음, 천히 여기고 미워하는 마음, 두려워하거나 존경하는 마음, 가엾고 불쌍히 여기는 마음, 오만하고 게으름에 치우치는 마음은 사상철학의 마음론으로 논할 수 있다.

소양인 천(賤), 애(哀)	태음인 친(親), 긍(矜)
태양인 오(惡), 오(敖)	소음인 애(愛), 타(惰)

〈사상인별 치우친 마음〉

태음인은 넓게 포용하고 사랑하는 마음(仁)이 있다. 이는 태음인의 락정기(樂情氣)로 친애하는 마음(親)과 윗사람으로서 아랫사람을 불쌍히 여기는 마음(矜)이 치우쳐 편벽되고 과한 마음으로 탐욕심을 불러일으키면, 오히려 사랑의 마음에서 미워하는 마음(惡)과 거만한 마음(傲)으로 왜곡될 수 있다.

소양인은 자신보다도 어려운 사람을 도우려는 용기와 지혜로움(智)이 있다. 이는 소양인의 애정기(哀情氣)로 남들이 서로를 속이는 것에 슬퍼하거나 또 남을 천하게 여기는 마음이 있을 때 치우쳐 편벽되고, 애정기가 과한 마음으로 탐욕심을 불러일으키면 사람을 향한 애처로운 마음에서 집착적인 사랑이나 혹은 아무것도 하지 않으려는 게으른 마음으로 왜곡되어 드러난다.

소음인은 주변 사람들을 세세하게 챙기고 배려하는 마음의 의로움(義)이 있다. 이는 소음인의 희정기(喜情氣)로 자식에 대한 지극한 사랑의 마음(愛)과 남 뒤에 숨는 게으른 마음(惰)으로 치우쳐 편벽되고 그 마음이 욕심으로 치달리면 기쁜 일에도 기뻐할 줄 모르고 자신을 비관하는 슬픔으로 치우쳐 타인을 천하게 여기는 마음으로 드러난다.

태양인은 다른 사람과의 소통을 잘하고 공손한 마음(禮)과 태도를 지니고 있다. 태양인의 노정기(怒情氣)는 분노하여 미워하거나(惡) 거만한 마음(傲)이 있어 치우쳐 편벽되고 그 마음이 욕심으로 치달리면, 기울어진 사랑으로 집착하여 상대를 힘들게 하거나 무조건 불쌍히 여기는 마음이 치우침으로 드러나게 된다.

『동의수세보원』「사단론」에서는 '비록 선을 좋아하는 마음이라도 치우치고 급하게 선을 좋아하면 선을 좋아함이 반드시 밝지 못할 것이고, 비록 악을 미워하는 마음이라도 치우치고 급하게 악을 미워하면 악을 미워함이 반드시 두루 하지 못할 것이다. 천하의 일은 마땅히 좋은 사람과 더불어 해야 하니, 좋은 사람과 더불어 하지 않으면 희락(喜樂)이 반드시 번거로울 것이다. 천하의 일은 마땅히 좋지 못한 사람과 더불어 하면 안 되니 좋지 못한 사람과 더불어 하면 애노(哀怒)가 더욱 번거로울 것이다'(雖好善之心, 偏急而好善則好善, 必不明也. 雖惡惡之心, 偏急而惡惡則惡惡, 必不周也. 天下事, 宜與好人做也. 不與好人做則喜樂, 必煩也.)라 하여, 치우쳐진 마음의 밝지 못함을 경계하고 있다.

故로 諺에 有之하니 曰人이 莫知其者之惡하며 莫知其苗之碩이라하니라 此謂身不修면 不可而齊其家니라

그러므로 속담에 이런 말이 있으니 '사람들은 자기 자식의 악함을 알지 못하고 그 싹의 큼을 알지 못하는 것이다'라 하였다. 이것을 일러 몸을 닦지 않으면 그 가정을 가지런히 할 수 없는 것이다.

【심해】

치우침에 대한 경계의 말이며, 앞에서 언급한 친하고 사랑하는 것, 천하게 여기고 미워하는 것, 두려워하고 공경하는 것, 슬퍼하고 불쌍히 여기는 것, 오만하고 게으른 마음 작용이 집착되고 편벽되기 때문에 수신(修身)을 제대로 할 수 없고, 수신을 하지 못하면 그 가정을 안락하고 가지런히 만들 수 없는 것이다. 그러므로 먼저 몸을 바로 닦은 연후에 가정을 가지런히 할 수 있는 것이다.

『주역』「풍화가인괘」에서는 '가인은 여자의 곧음이 이로운 것이다'(家人, 利女貞.)라 하고, '여자는 안에서 바르게 자리하고 남자는 밖에서 바르게 자리하니 남녀가 바른 것은 하늘과 땅의 위대한 뜻이다. 가인(家人)에 엄한 임금이 있으니 부모를 말하는 것이다. 아버지가 아버지답고 자식이 자식답고 형이 형답고 아우가 아우답고 남편이 남편답고 아내가 아내다우면 가정의 도가 바를 것이니, 가정이 바르면 세상이 안정되는 것이다'(家人, 女正位乎內, 男正位乎外, 男女正, 天地之大義也. 家人, 有嚴君焉. 父母之謂也. 父父子子兄兄弟弟夫夫婦婦而家道正, 正家而天下 定矣.)라 하여, 가정의 도리를 밝히고 있다.

엄한 아버지 엄부(嚴父)와 다정한 어머니 친모(親母)의 조화를 이루고, 자식은 자식답고, 형과 아우가 질서를 지키면 가정의 도리는 바를 것이다. 가정은 하늘의 은택이 온전히 내려와 있는 곳으로 유학의 정명(正名) 원리를 밝히고 있다.

정명(正名)은 『논어』「자로(子路)」에서 밝히고 있는데, '임금이 임금답고 신하가 신하답고 아버지가 아버지답고 자식이 자식다운 것입니다'(孔子對日, 君君臣臣父父子子.) 하고, 또 '자로가 말하기를 위나라 임금이 선생님을 모시고 정치를 하시면 선생님은 장차 무엇을 먼저 하시겠습니까? 공자께서 말씀하시기를 반드시 이름을 바르게 할 것이다'(子路日衛君, 待子而爲政, 子將奚先, 子日必也正名乎.)라고 하여, 이름에 맞게 실천하는 정명(正名)을 밝히고 있다. 이름을 바르게 하는 것은 자신에게 주어진 명을 바르게 하고, 때에 맞는 행동을 바르게 하는 것을 의미한다. 군자가 정명을 하는 데 있어서 핵심은 진리를 알고 성인지도를 행하는 것이다.

전 9장

제가(齊家), 치국(治國)

가정을 가지런히 하고, 사람을 다스리다

사람을 다스리는 것은 정치(政治)의 핵심이다. 「지수사괘(地水師卦)」에서는 '곧음은 바름이니 능히 대중을 바르게 하면 왕도정치를 할 수 있는 것이다'라 하여, 대인(大人)이 대중을 바르게 하는 정치를 밝히고 있다. 정치는 양심을 가지고 살아가는 시민을 포용하고, 어리석은 대중을 훈육하는 것이다.

또 대중을 바르게 하는 정치원리인 '정공론'(正功論)을 밝히고 있다.

所謂治國이 必先齊其家者는 其家를 不可教오 而能教人者ㅣ 無之하니 故로 君子는 不出家而成教於國하나니 孝者는 所以事君也오 弟者는 所以事長也오 慈者는 所以使衆也니라

이른바 나라를 다스리는 것이 반드시 그 가정을 먼저 가지런히 해야 한다는 것은 그 가정을 가르치지 않고 능히 다른 사람을 가르칠 자가 없는 것이니, 그러므로 군자는 가정을 나아가지 않고 그 나라에 가르침을 이루는 것이니, 효는 임금을 섬기는 까닭이고, 공경하는 것은 어른을 섬기는 까닭이고, 사랑하는 것은 대중을 부리는 까닭이다

【심해】

이 장은 치국(治國)과 제가(齊家)의 관계를 설명한 글이다.

나라를 잘 다스리려면 먼저 자기 가정을 가지런히 해야 하고, 반드시 교육의 필요성을 전제로 한다. 가정에서부터 바른 가르침이 필요하다는 뜻이며, 가정을 다스리는 것과 나라를

다스리는 것은 영역의 크기는 다르지만 사람을 다스린다는 차원에서는 동일하다. 부모에게 효도하는 마음으로 임금을 섬기고, 형을 공경하는 마음으로 윗사람을 공경하고, 자식을 사랑하는 마음으로 백성을 대하면, 진리를 실천하며 인격적인 삶을 살아가는 군자인 것이다.

효(孝), 제(弟), 자(慈)가 가정의 근본이며, 수신·제가·치국의 바탕이 되어 국가사회로 확장됨을 알 수 있다.

『효경』 제1장에서는 '공자께서 말씀하시기를, 무릇 효라는 것은 덕의 근본이고, 가르침이 이것에 말미암아서 생하는 바이다. 다시 앉아라. 내가 너에게 말해주겠다. 마음과 몸과 터럭과 살갗은 천지부모(天地父母)로부터 받은 것이니 감히 훼손하거나 상하지 않게 하는 것이 효의 시작이니라. 몸을 세웠거든 진리를 행하고 이름을 후세에 드날려서 그 부모를 나타내는 것이 효의 마침이니라. 무릇 효라는 것은 어버이를 섬기는 것에서 시작하고 임금을 섬기는 것을 가운데로 하고, 입신(立身)에서 마치는 것이다'(子曰, 夫孝德之本也, 教之所由生也. 復坐吾語汝. 身體髮膚, 受之父母, 不敢毁傷, 孝之始也. 立身行道, 揚名於後世, 以顯父母, 孝之終也. 夫孝始於事親, 中於事君, 終於立身.)라 하여, 천지부모지심을 아는 것이 효이고, 자기의 삶을 진실하게 살아가는 것이 효의 마침임을 밝히고 있다.

효는 가르침으로부터 시작하여 인간의 몸과 영혼이

탐(貪)·진(瞋)·치(癡)에 빠지지 않고 살아가는 것이 효의 시작이며, 부모를 섬기고 임금을 섬기며, 마지막으로 입신(立身)하는 것이 효의 본질이다.

『효경』의 말씀을 자세히 분석하면 전혀 다른 입장임을 알 수 있다. 첫째, 신체(身體)에서 몸 신(身)과 몸 체(體)의 구별이다. 신(身)은 그냥 몸이 아니라 양심(良心)을 포함한 몸이기 때문에 마음이 있는 몸이고, 체(體)는 뼈가 중심인 몸이다. 즉, 하늘로부터 받은 양심을 헐거나 훼손하지 않는 것이 효도의 시작이라고 해석된다.

둘째, 효도의 마침을 '입신양명(立身揚名)'이라 하여, 내가 출세해서 세상에 이름을 드러내는 것이 효도의 마침이 된다고 해석하였다. 그러나 문장을 자세히 보면, 입신(立身)하면 도(진리)를 행하고, 또 이름을 드날리는 것은 후세(後世)에 하라는 것이다.

셋째, 마지막 문장에서 효도의 마침이 입신(立身)에 있다는 것이다. 입신(立身)은 단순히 몸을 세우는 것이 아니라 자기의 양심을 세우는 것이고, 입지(立志)를 하는 것이다. 따라서 『효경』에서 말한 효도의 본래 의미를 되새기는 것이 필요하다고 하겠다.

『사자소학』에서는 '독서와 근검은 가정을 지키는 근본이다'(讀書勤儉, 起家之本)라 하여, 가정의 근본은 성인지학을 공부하고 부지런하고 검소한 것임을 밝히고 있다.

康誥에 曰如保赤子라 하니 心誠求之면 雖不中이나 不遠矣니 未有學養子而后에 嫁者也니라

「강고」에서 말하기를 '적자(갓난아기를) 보호하는 것 같이 한다'라 하니 마음에서 진실로 구하면 비록 적중하지 못하나 멀지 않은 것이니, 자식을 기르는 것을 배운 이후에 시집가는 사람은 있지 않은 것이다.

【심해】

『서경』「강고」의 말씀으로, 백성을 대하기를 어머니가 갓난아기를 보살피듯 정성을 다해야 한다. 자식을 사랑하는 마음만 있다면 비록 나라를 다스리는 것이 조금은 서툴러도 크게 벗어나지 않는다. 갓난아이를 기르듯 백성들에게 마음을 진실로 구하는 것의 중요함을 말하고 있다.

『맹자』에서는 '맹자가 이르기를, 대인은 갓난아이의 순수한 마음을 잃어버리지 않는 것이다'(孟子曰, 大人者, 不失其赤子之心者也.)라 하여, 갓난아이의 순수한 마음을 잃지 않는 것을 논하고 있다.

『서경』「대우모(大禹謨)」에서는 '인심은 위태롭고, 도심은 극히 희미하니 정하게 하고 한결같이 하여야 진실로 그 중도(中道)를 잡을 것이다'(人心惟危, 道心惟微, 惟精惟一, 允執厥中.)라 하여, 마음과 중도(中道)를 논하고 있다. 즉, 도심(道心)이 주체가 되고 인심이 따르면 인심이 편안해지고 도심이 드러나서 정제된 말과 행동을 하면 지나침과 미치지 못함의 잘못이 없게 된다. '그 중도를 잡게 된다'라는 말은 지나침과 미치지 못함(過, 不及)이 없는 '중'(中)을 뜻하며, 고르고 한결같음을 말하는 것이다.

一家ㅣ 仁이면 一國이 興仁하고 一家ㅣ 讓이면 一國이 興讓하고 一人이 貪戾하면 一國이 作亂하나니 其幾如此하니 此謂 一言이 僨事며 一人이 定國이니라

한 가정이 사랑을 하면 나라가 인에서 일어나고, 한 가정이 사양하면 한 나라가 사양함이 일어나고, 한 사람이 탐욕스럽고 어그러지면 한 나라가 어지러워지는 것이니 그 기틀이 이와 같으니 이것을 일러 한 마디 말이 일을 그르치며 한 사람이 나라를 안정시키는 것이다.

【심해】

국가사회의 가장 근본은 한 가정이고, 한 가정의 근본은 한 개인이다. 일상적으로 생각하는 계약론적인 가정·국가가 아니고 인격적인 삶의 장으로서의 가정·국가를 말한다.

한 가정이 인(仁)하게 되면 명명덕(明明德)하여 친민(親民)이 되는 것과 같이 '나라 전체의 백성들이 인(仁)하게 되고', 사양하는 마음으로 가득하게 된다. 그러나 한 개인이 욕심으로 정도에서 벗어나면, 나라 전체에 그 영향이 미치게 된다.

『예기』「치의(緇衣)」에서는 '윗 사람이 인을 좋아하면 아랫 사람이 인을 행하는 것을 남보다 먼저 하려고 다투게 된다. 그러므로 백성의 어른이 된 자가 뜻을 밝히고 가르침을 곧게 하고 인을 높여서 백성을 자식처럼 사랑하면, 백성은 자신의 행동을 이룸으로써 윗 사람을 기쁘게 한다. 시에서 말하길 덕행을 깨달으면 모든 나라가 이에 순종한다'(子曰, 上好仁則下之爲仁爭先人. 故長民者章志貞教, 尊仁以子愛百姓, 民致行己以說其上矣. 詩云, 有梏德行, 四國順之.)라 하여, 성인지학을 익힌 사람이 나라를 안정시킬 수 있고, 나라를 바로 세울 수 있는 것이다.

堯舜이 帥天下以仁하신대 而民이 從之하고 桀紂ㅣ 帥天下以暴한대 而民이 從之하니 其所令이 反其所好면 而民이 不從하나니 是故로 君子는 有諸己而後에 求諸人하며 無諸己而後에 非諸人하나니 所藏乎身에 不恕오 而能喩諸人者ㅣ 未之有也니라 故로 治國이 在齊其家니라

요·순임금이 천하를 인으로써 거느리실 때 백성들이 그를 따랐고, 걸·주가 천하를 난폭함으로 거느리자 백성들이 그를 따랐으니, 그 명령하는 바가 자신이 좋아하는 바와 반대가 되면 백성들이 따르지 않는 것이니, 이런 까닭으로 군자는 자기에게 (선이) 있고 난 이후에 다른 사람에게 구하고, 자기에게 (악이) 없는 이후에 다른 사람에게 아니라고 하나니, 몸에 감추는 바가 서(恕)가 아니면 능히 다른 사람을 깨우치는 자가 있지 않은 것이니라. 그러므로 나라를 다스리는 것이 그 가정을 가지런히 함에 있는 것이다.

【심해】

선을 좋아하는 마음과 악을 좋아하는 마음이 공존하고 있음을 보여주는 문장으로 백성은 어짊과 난폭함 즉, 선과 악을 동시에 지닌 존재임을 알 수 있다. 인간의 근본 자리에는 지어지선이 갖추어져 있지만, 그것이 드러날 때는 선·악의 음양 작용으로 드러나는 것이다.

『논어』「안연(顔淵)」에서는 '군자의 덕은 바람이고 소인의 덕은 풀이다. 풀에 바람이 불면 반드시 쓰러진다'(君子之德風, 小人之德草, 草上之風, 必偃.)라 하여, 지도자의 덕은 바람처럼 백성에게 그대로 드러나는 것이다. 자기에게 있어야 할 것은 요·순과 같은 선이고, 자기에게 없어야 하는 것은 걸(桀)·주(紂)와 같은 난폭함이니, 자기 자각이 중요한 까닭이다.

감출 장(藏)에 대하여, 「계사상」에서는 '인(仁)에서 드러나며 용(用)에서 감춰져 만물을 고무하지만, 성인과 더불어 근심하지 아니하니, 덕을 성대히 하고 업을 크게 하는 것이 지극하구나!'(顯諸仁, 藏諸用, 鼓萬物而不與聖人同憂, 聖德大業, 至矣哉)라 하고, '성인이 이로써 마음을 깨끗이 씻어 은밀함에 물러가 간직하며'(聖人以此, 洗心, 退藏於密), '군자가 기물을 봄에 간직하고 때를 기다려 움직이면'(君子, 藏器於身, 待時而動.)라 하여, 진리가 감춰져 있는 것이다. 군자는 감춰진 성인지도(聖人之道)를 자각하여 내재화하고 길흉의 일이 있을 때는 백성과 함께 함이다. 즉, 군자는 성인이 밝혀 놓은 진리를 깨달아 자신의 사명을 알아야 하는 것이다.

용서할 서(恕)는 여(如)와 심(心)으로, 자기의 마음을 비추어 같게 함이다. 자기가 하고자 하지 않는 바도 역시 다른 사람에게 베풀지 않는 마음으로 나에게 미루어 다른 사람을 보는 마음이다.

『논어』에서는 '삼아(증자야)! 나의 도는 한 가지 이치가 만 가지를 꿰뚫고 있다 하시니, 증자가 예 하고 대답하였다. 공자가 나가시자 문인들이 무슨 말씀이십니까? 하고 물으니, 증자가 대답하시길 부자의 도는 충(忠)과 서(恕)일 뿐이다'(子曰參乎, 吾道 一以貫之, 曾子, 曰唯, 子出, 門人, 問曰何謂也. 曾子曰夫子之道, 忠恕而已矣.)라 하고, '자공이 한 말씀으로서 종신토록 행할 만한 것이 있습니까? 하고 묻자, 공자께서 말씀하셨다. 서(恕)일 것이다. 자기가 하고자 하지 않는 것을 남에게 베풀지 말라는 것이다'(子貢 問曰有一言而可以終身行之者乎. 子曰其恕乎. 己所不欲, 勿施於人.)라 하여, 자기가 하고자 하지 않는 것을 다른 사람에 베풀지 않는 것이라 하였다.

충(忠)은 자기의 몸과 마음을 다하여 최선을 다하는 것이고, 서(恕)는 그러한 자기의 마음을 미루어 남에게 베푸는 것이다. 자기 자신이 서(恕)를 실천하지 않고서 남의 마음을 깨우칠 수 있는 사람은 없으므로 나라를 다스리는 것은 그 가정을 편안하게 하는 것과 같은 것이다.

詩云桃之夭夭여 其葉蓁蓁이로다 之子于歸여 宜其家人이라 하니 宜其家人而后에 可以敎國人이니라

『시경』에서 이르기를 '복숭아꽃이 아름답고 아름다움이여! 그 잎이 우거진 것이구나! 그 처녀가 돌아감(시집감)이여, 그 집 사람이 되는 것이 마땅하다' 하니, 그 집 사람이 되는 것이 마땅한 이후에 가히 나라 사람들을 가르칠 수 있는 것이다.

【심해】

『시경』 주남(周南) 「도요(桃夭)」의 말씀으로, 복숭아꽃이 아름답게 피고 잎이 무성하게 난 계절에 여자아이가 시집가는 모습을 노래한 시이다. 그 집 사람이 되어 그 가정에서 자기의 역할을 잘할 수 있어야 다른 사람을 이끌어 좋은 방향으로 나아가게 할 수 있는 것이다.

치국(治國)의 근본이 제가(齊家)에 있음을 말하며 가인(家人)을 노래하고 있다. 우귀(于歸)는 전통적 혼례에서 신부가 친정집에서 3일을 치르고 처음으로 시댁에 가는 것이다.

『주역』 「뇌택귀매괘(雷澤歸妹卦)」에서 '귀매(歸妹)는 하늘과 땅의

위대한 뜻이니, 하늘과 땅이 사귀지 않으면 만물이 일어나지 않으니, 누이가 시집가는 것은 사람의 종시(終始)이다'(歸妹, 天地之大義也, 天地不交而萬物, 不興, 歸妹, 人之終始也.)라 하여, 하늘과 땅이 사귀는 것은 천지의 대의(大義)이고, 누이가 시집가는 것은 마치면, 시작하는 새로운 삶의 시작인 것이다.

귀매(歸妹)는 마침을 생각하면서 자신의 삶을 돌아보는 것에서 출발한다. 누이가 시집을 가는 것은 새로운 시작이자 역사를 계승하는 것이다. 합당하지 않으면 기다리고, 학문이 어그러질 수 있기 때문에 돌아감이 더딜 때도 있다.

『서경』에서는 '상나라가 아래 백성들에게서 구한 것이 아니라, 오직 백성들은 하나의 덕에 돌아간 것입니다'(非商求于下民, 惟民歸于一德.)라 하여, 귀덕(歸德)을 밝히고 있다.

『논어』에서는 '마침을 삼가고 근원을 추구하면 백성의 덕이 두텁게 돌아가는 것이다'(愼終追遠, 民德, 歸厚矣.), '하루에 자기를 이기고 예를 회복하면 천하가 인(仁)에 돌아가는 것이다'(一日克己復禮, 天下, 歸仁焉.)라 하여, 귀후(歸厚)와 귀인(歸仁)을 밝히고 있다.

우귀(于歸)를 통해 자기 본래 자리 즉, 본성인 덕과 하늘이 하나임을 깨우쳐야 가인(家人)이 되는 것이다. 가인은 '집사람'으로 성인지학(聖人之學)을 익히는 군자를 의미한다. 현실에서는 시집을 가서 가정을 꾸려야 자신과 하늘의 이치를 깨달아 진정한 가인이 될 수 있다. 음양(陰陽)이 합덕된 세계를 살아가는 존재가 가인이고, 그래야 나라 사람을 가르칠 수 있는 것이다.

『예기』「치의(緇衣)」에서는 '공자께서 말씀하시길 무릇 백성을 덕으로써 가르치고 예로써 가지런히 하면 백성이 임금을 사모하는 마음이 생기게 된다. 정치로써 가르치고 형벌로써 가지런히 하면 백성이 도망갈 마음을 갖는다. 그러므로 임금이 된 자가 백성을 자식과 같이 사랑하면 백성이 친해지고, 믿음을 가지고 맺으면 백성이 배반하지 않고, 공손한 마음으로 임하면 백성이 순종하는 마음을 갖게 된다'(子曰, 夫民教之以德, 齊之以禮, 則民有格心. 教之以政, 齊之以刑, 則民有遯心. 故君民者子以愛之則民親之. 信以結之則民不倍. 恭以涖之則民有孫心)라 하여, 덕의 정치를 베푸는 군자지도(君子之道)를 말하고 있다.

또 위의 시에서 '지자'(之子)를 처녀로 해석하는 것을 생각해보게 된다. 자(子)를 보통 '아들 자'로 부르지만, 선진유학 경전에서 그렇게 사용된 용례가 없고, 오히려 『시경』에서는 '아름다운 처녀 자'로 사용되고 있다. 보통 '자식 자'이고, 공자(孔子), 맹자(孟子) 등 '선생님 자'로 사용되고 있다. 남자(男子)와 여자(女子)라고 부르는 것에서도 자(子)는 아들 자의 의미가 아님을 알 수 있다. 전통적으로 여자의 이름에 자(子)를 붙여서 금자·영자·순자·미자 등으로 부른 것은 아름다운 처녀라는 본질적인 의미를 가진 것이다.

詩云宜兄宜弟라 하니 宜兄宜弟而后에 可以敎國人이니라
詩云其儀不忒이라 正是四國이라하니 其爲父子兄弟ㅣ 足法而后에 民이 法之也니라 此謂之國이 在齊其家니라

『시경』에 이르기를 '형에게도 마땅하고 아우에게도 마땅하다' 하였으니, 형에게 마땅하고 아우에게 마땅한 이후에야 나라 사람을 가르칠 수 있는 것이다.
『시경』에 이르기를 '그 위의(거동)가 어긋나지 않는 것이라 이 네 나라를 바르게 하는 것이다' 하니, 그 아버지와 자식, 형과 아우가 법에 넉넉하고 족한 이후에야 백성이 그것을 본받는 것이다. 이것을 일러 나라를 다스리는 것이 그 가정을 가지런히 하는 것에 있는 것이다.

【심해】

『시경』 소아(小雅) 「요소(蓼蕭)」의 말씀으로, 형은 형의 위치에서

맡은 바 역할을 잘하고, 아우는 아우의 맡은 바 역할을 훌륭하게 함으로써 한 가정의 모범이 된 이후에야 나라 사람들을 가르칠 수 있다고 성왕의 덕을 노래하고 있다.

또 『시경』 조풍(曹風) 「시구(鳲鳩)」에는 아버지는 아버지의 위치에서 자식은 자식의 위치에서 형은 형의 위치에서 동생은 동생의 위치에서 각자 본연의 역할을 다하면 다른 사람의 모범이 되어, 사방의 나라 백성들이 그를 본받게 된다는 것이다. 나라를 다스리는 것이 그 가정을 가지런히 하는 데 있다고 노래하고 있다.

『맹자』에서는 '지금 왕께서 이곳에서 음악을 연주하시면 백성들이 왕의 종소리와 북소리, 생황 소리와 피리 소리 등을 듣고는 모두 골치 아파하고 이마를 찌푸리며 서로 말합니다. 우리 임금께서 음악을 좋아하시는구나. 그런데 어찌 우리들로 하여금 이처럼 곤궁한 지경에 이르게 하는가? 부자간(父子間)이 서로 만나보지 못하고 형제와 처자식이 흩어지게 한단 말인가!'(今王, 鼓樂於此, 百姓, 聞王鍾鼓之聲, 管籥之音, 擧疾首蹙頞而相告曰, 吾王之好鼓樂, 夫何使我至於此極也. 父子不相見, 兄弟妻子離散.)

또 '지금 왕께서 이곳에서 사냥을 하시면 백성들이 왕의 수레 소리와 말 소리를 듣고 아름다운 깃발을 보고는 모두 골치 아파하고 이마를 찌푸리며 서로 말합니다. 우리 임금께서 사냥을 좋아하시는구나. 그런데 어찌 우리들로 하여금 이처럼 곤궁한 지경에 이르게 하는가? 부자간이 서로 만나보지 못하고 형제와 처자식이 서로 흩어지게 한단 말인가! 그렇다면 이는 다름이 아니라 임금께서 백성들과 즐거움을 함께 하지 않기 때문입니다'(今王, 田獵於此, 百姓, 聞王車馬之音, 見羽旄之美, 擧疾首蹙頞而相告曰, 吾王之好田獵, 夫何使我至於此極也. 父子不相見, 兄弟妻子離散. 此無他, 不與民同樂也.)라 하여, 왕이 맡은 바 역할을 못하고 그 자신만 즐기며 백성을 구휼하지 않아서 곤궁하게 되면 백성들이 따르지 않게 되므로 나라를 다스릴 수 없게 된다고 한 것이다.

즉, 지도자가 백성의 뜻과 하나 되어 즐거움도 함께하고 어려움도 함께 할 수 있을 때만이 진실로 백성의 마음을 얻을 수 있다는 교훈을 말하고 있다.

전 10장

치국(治國), 평천하(平天下)

사람을 다스리고, 세상을 고르게 하다

평천하(平天下)는 하늘의 진리가 세상에 온전히 펼쳐지는 것이다. 「중천건괘(重天乾卦)」에서는 원·형·이·정(元亨利貞)의 천도(天道)를 밝히고 있다. 천도(天道)를 세상에 밝힌 분은 성인(聖人)이며, 성인에 의해서 만물의 존재 의의가 드러나게 되는 것이다.

우리는 강건한 하늘의 운행을 본받아 스스로 강건하고 쉬지 않는 '자강불식'(自彊不息)해야 한다.

所謂平天下ㅣ 在治其國者는 上이 老老而民이 興孝하며 上이 長長而民이 興弟하며 上이 恤孤而民이 不倍하나니 是以로 君子는 有絜矩之道也니라.

이른바 천하를 공평하게 함이 그 나라를 다스림에 있다는 것은 윗사람이 노인을 노인으로 모시면 백성들이 효를 일으키고, 윗사람이 어른을 어른으로 모시면 백성들이 제(弟, 공손함)를 일으키고, 윗사람이 외로운 사람을 구휼하면 백성들이 저버리지 않으니, 그러므로 군자는 혈구의 도가 있는 것이다.

【심해】

이 장은 치국(治國)과 평천하(平天下)를 설명하고 있다.

임금이 자기 나라의 노인들을 잘 모시면 백성들은 그것을 본받아 부모에게 효도하는 마음을 일으키며, 임금이 어른들에게 잘하면 백성들은 본받아서 공경하는 마음을 일으킬 것이며, 임금이 소외된 사람을 잘 보살피면 백성들은 왕을 배반하지 않을 것이다. 그러므로 군자는 혈구지도(絜矩之道) 즉, 자기를 척도로 삼아 남을 생각하고 살펴서 바른 길로 향하게 하는 것이다.

혈구(絜矩)는 꺾자를 가지고 방(方)이 맞는지 안 맞는지 재어보는 것이지만, 형이상학적 의미는 천원지방(天圓地方), 천지지도(天地之道)를 헤아리는 것이다. 천원지방(天圓地方)의 이치에 살고 있는 인간 삶을 헤아리는 것이다.

즉, '구'(矩)는 규구(規矩)의 구로 방(方)을 통해 원(圓)을 지극히 하는 것이며, '혈'(絜)은 '헤아린다' 또는 '재다'의 의미로 방(方)으로 표상되는 지도(地道)와 곤도(坤道)를 헤아리는 것이라 하겠다. 따라서 혈구의 도는 계량적인 도구인 곱자나 그림쇠를 의미하는 것이 아니라 형이상의 원리를 상징하는 것이다. 한자에서 혈(絜)은 예쁠 봉(丰)과 칼 도(刀) 그리고 실 사(糸)로, 시간의 의미를 담고 있기 때문에 원(圓)과, 구(矩)는 화살 시(矢)와 클 거(巨)로, 공간의 의미를 담고 있기 때문에 방(方)과 만나는 것이다.

『맹자』에서는 '컴퍼스와 꺾자를 쓰지 않으면 능히 네모와 원을 이룰 수 없고 사광의 귀 밝음으로도 육률을 쓰지 않으면 오음을 바로 잡지 못하고, 요순의 진리로도 인정을 베풀지 않으면 능히 천하를 공평하게 다스리지 못한다'(不以規矩, 不能成方員, 師曠之聽, 不以六律, 不能正五音, 堯舜之道, 不以仁政, 不能平治天下.)라 하여, 방원(方圓)의 이치를 통해 치국과 평천하를 말하고 있다.

또 '맹자께서 말씀하시길 규구(規矩)는 방원(方圓)의 지극함이오, 성인은 인륜의 지극함이다'(孟子曰, 規矩, 方員之至也, 聖人, 人倫之至也.)라 하여, 성인(聖人)과 규구(規矩)와 짝하고, 방원(方圓)과 인륜(人倫)이 짝이 되기 때문에 성인지도를 헤아려 쓰는 것이 혈구지도임을 알 수 있다.

「계사상」에서는 '시초의 덕은 원만하면서 신묘하고, 괘의 덕은 방정하면서 지혜롭고, 육효의 뜻은 역(易)으로써 이바지하는 것이니'(是故, 蓍之德, 圓而神, 卦之德, 方以知, 六爻之義, 易以貢.)라 하여, 천원지방의 근거를 밝히고 있다.

여기서 시초(蓍草)는 하도(河圖)와 낙서(洛書)를 상징하고, 괘(卦)는 팔괘를, 육효(六爻)는 육효중괘(六爻重卦)로 64괘를 말하는 것이다. 『주역』의 역도(易道) 표상체계를 밝히면서, 이것이 곧 천원지방(天圓地方)의 이치를 담고 있다는 것이다.

혈구지도(絜矩之道)는 곱자로 표상되는 방(方)의 원리를 중심으로 밝힌 것이기 때문에 「주역」의 괘상(卦象) 원리와 만나게 된다.

所惡於上으로 毋以使下하며 所惡於下로 毋以事上하며 所惡於前으로 毋以先後하며 所惡於後로 毋以從前하며 所惡於右로 毋以交於左하며 所惡於左로 毋以交於右ㅣ 此之謂絜矩之道也니라

윗사람에게서 싫어했던 것으로 아랫사람에게 부리지 말며, 아랫사람에게서 싫어했던 것으로 윗사람을 섬기지 말며, 앞에서 싫었던 것을 뒤로 가서 먼저 하지 말며, 뒤에서 싫어하는 바를 앞에서 쫓지 말며, 오른쪽에서 싫어한 것으로 왼쪽으로 사귀지 말며, 왼쪽에서 싫어한 것으로 오른쪽을 사귀지 않는 것, 이것이 바로 혈구지도이다.

【심해】

인간 행동은 『주역』에서 하늘의 진리를 표상하고 있는 괘상(卦象)원리에 근거를 두어야 한다. 『주역』의 천원지방(天圓地方)의 이치를 말하는 것이 혈구지도(絜矩之道)이기 때문이다. 혈구지도의 구체적인 내용은 자신의 마음을 위·아래, 앞·뒤, 오른쪽·

왼쪽으로 나누어 남을 헤아리는 것이다.

또 혈구지도는 앞에서 이야기한 서(恕)와 연계된다. 『논어』에서는 '자공과의 대화에서 한 말씀으로서 종신토록 행할 만한 것이 있습니까? 하고 묻자, 공자께서 말씀하셨다. 서(恕)일 것이다. 자기가 하고자 않는 것을 남에게 베풀지 말라는 것이다'(子貢, 問曰有一言而可以終身行之者乎, 子曰其恕乎. 己所不欲, 勿施於人.)라 하고, 또 '자공이 말하길 저는 남이 나에게 가(加)하기를 원하지 않는 일에 대해 저도 남에게 가(加)하지 않으려고 합니다'(子貢, 曰我不欲人之加諸我也, 吾亦欲無加諸人.)라 하여, 자신의 마음에 비추어 남을 헤아림을 말하고 있다.

또한 『중용』 제13장에서도 '충서(忠恕)는 도(道)와 거리가 멀지 않으니 자기 몸에 베풀어 보아 원하지 않는 것을 다른 사람에게 베풀지 말라'(忠恕, 違道不遠, 施諸己而不願, 亦勿施於人.)라 하였다. 즉, 혈구지도는 서(恕)의 다른 이름임을 알 수 있다.

詩云樂只君子여 民之父母라 하니 民之所好를 好之하며 民之所惡를 惡之ㅣ 此之謂民之父母니라

『시경』에 이르기를 '즐거운 군자여, 백성의 부모라' 하니, 백성들이 좋아하는 바를 좋아하며 백성들이 싫어하는 바를 싫어하니, 이것을 일러 백성의 부모가 되는 것이다.

【심해】

『시경』 소아(小雅) 「남산유대(南山有臺)」의 말씀으로, 덕을 지닌 군자가 혈구지도로써 백성들과 일체가 되어 부모의 마음으로 백성들을 다스리는 것을 노래하고 있다.

백성이 좋아하는 것은 호선지심(好善之心)이고, 싫어하는 것은 오악지심(惡惡之心)으로, 겸손한 덕을 지닌 군자 또한 백성과 함께 악(惡)을 싫어하고, 선(善)을 좋아하는 것이다. 다른 사람이 싫어하는 것을 좋아하고, 다른 사람이 좋아하는 것을 싫어하는 것은 사람의 본성을 거스르는 것이다.(好人之所惡, 惡人之所好, 是謂拂人之性.) 이런 군자는 백성의 부모가 될 수 없다.

詩云節彼南山이여 維石巖巖이로다 赫赫師尹이여 民具爾瞻이라 하니 有國者ㅣ 不可以不愼이니 辟則爲天下僇矣니라

『시경』에서 이르기를 '저 깎아지는 절벽 같은 남산이여, 저 바위들이 우렁차게 있는 것이로다. 빛나고 빛나는 태사 윤씨여, 백성들이 모두 너를 쳐다보는 것이라' 하니, 나라가 있는 사람(국가 지도자)은 가히 삼가지 않음은 불가하니 치우치면 천하가 죽임을 맞이하는 것이다.

【심해】

『시경』 소아(小雅) 「절남산(節南山)」의 말씀으로, 오직 바위들만 험악하게 서 있는 저 남산의 모습처럼 높은 지위를 가진 윤씨(尹氏)의 흉한 모습을 백성들이 쳐다본다는 의미이다. 그러므로 지도자는 조심하지 않을 수 없으니 편벽된 마음을 가지고 있으면 나라가 망하게 되고, 백성들에게 치욕을 당하게 되는 것을 경계해야 한다. 나라가 있다는 것은 내 마음의 나라이면서 내 육신을 다스려 가는 것이며, 마음의 뜻을 굳건하고 올바르게 가졌을 때 치국(治國)이 이루어지는 것이다.

詩云殷之未喪師에 克配上帝러니 儀監于殷이어다 峻命不易라 하니 道得衆則得國하고 失衆則失國이니라

是故로 君子는 先愼乎德이니 有德이면 此有人이오 有人이면 此有土오 有土면 此有財오 有財면 此有用이니라

『시경』에서 이르기를 '은나라가 아직 백성들(민심)을 잃어버리지 않음에 능히 상제와 짝을 이루니 그 거동 같은 표식이 은나라에서 볼 수 있는 것이었다. 빼어난 명(命)은 보전하기가 쉽지 않은 것이라' 하니 대중을 얻은 즉, 나라를 얻고 대중을 잃어버리면 나라를 잃어버리는 것을 말하는 것이다.

이러한 까닭으로 군자는 먼저 덕을 삼가는 것이니, 덕이 있으면 사람이 있고, 사람이 있으면 땅이 있고, 땅이 있으면 재화가 있는 것이고, 재화가 있으면 쓰임이 있는 것이다.

【심해】

『시경』「문왕(文王)」의 말씀으로, 은나라가 백성을 잃지 않았을

때는 상제는 백성들과 공통으로 갖고 있는 뜻에 하나가 되어 번창하였는데, 걸·주의 포악한 정치로 인하여 백성들의 마음으로부터 떠난 이후에는 나라가 망했으니, 나라를 다스리는 일은 마땅히 은나라를 거울삼아야 하는 것이다. 나라를 유지하려면 군주는 덕을 쌓아야 하고 덕이 쌓이면 백성의 뜻과 하나 되어 사람과 재물이 늘어나게 되므로 혈구지도로써 백성의 마음을 얻어야 된다는 것을 깨우쳐 주고 있다.

무리 중(衆)에 대해, 「지수사괘(地水師卦)」에서는 '사는 무리이고, 곧음이니'(師, 衆也, 師, 貞.)라 하고, '곧음은 바름이니 능히 대중을 바르게 하면 왕도정치를 할 수 있는 것이다'(貞, 正也, 能以衆正, 可以王矣.)라 하여, 사(師)는 백성의 무리를 말하며, 대인(大人)이 대중(大衆)을 바르게 하는 왕도정치를 밝히고 있다.

양나라 혜왕(惠王)이 인구가 늘지 않아 걱정하며 맹자에게 조언을 구하는데, 맹자는 살기 좋은 나라가 되려면 어떻게 해야 할지에 대해 아주 간단하면서도 명료한 기준을 제시한다. '산 사람을 먹여 살리고 죽은 사람을 보내는 데(장례를 치르는 일에) 서운한 점이 없는 것이 왕도정치의 시작이다'(是, 使民養生喪死, 無憾也, 養生喪死, 無憾, 王道之始也.)라 하여, 정치의 기본인 먹고 사는 일인 양생(養生)과 죽음을 장례 치르는 상사(喪死)를 말하고 있다.

즉, 사람이 먹고 사는 데 불안하면 지금 사는 곳을 원망하고 다른 곳으로 떠나려고 하는 것이다. 마찬가지로 장례를 제대로 치르지 못하면 그 일이 두고두고 마음에 남아 편치 못한 것이다. 결국 백성들은 가장 기본적인 일에 마음이 편해야 만족하며, 자신의 위치에서 살 수 있는 힘이 생기는 것이다. 왕도(王道)는 이상사회를 가리키는 것이 아니라 사람이라면 누구나 바라는 가장 기본적인 일이 이루어지는 것이다.

준명(峻命)은 높은 명령으로, 상제(上帝)의 명(命)이다. 항상 백성과 함께하며 진리를 따르는 사람에게 하늘의 뜻은 다가온다. 그러므로 군자는 먼저 덕을 쌓는 일에 신중을 기하는 것이니, 덕이 있으면 부강한 나라를 유지하며 경영할 수 있게 된다. 백성 또한 올바르고 진실되면 천명(天命) 즉, 복이 주어지는 것이다.

德者는 本也오 財者는 末也니 外本內末이면 爭民施奪이니라
是故로 財聚則民散하고 財散則民聚니라
是故로 言悖而出者는 亦悖而入하고 貨悖而入者는 亦悖而出이라

덕은 근본이고 재물은 말단이다. 근본을 밖으로 하고 말(末)을 안으로 하면 백성들을 다투게 하고 인간의 탐욕심을 베푸는 것이다.
이러한 까닭으로 재물을 모으면 백성들이 흩어지고, 재물이 흩어지면 백성들이 모이는 것이다.
이러한 까닭으로 말씀이 어그러져서 나가면 또한 어그러져서 들어오고, 재화가 어그러져서 들어오면 또한 어그러져서 나가는 것이다.

【심해】

덕(德)과 본(本)은 체가 되고, 재(財)와 말(末)은 용이 되어

체용의 관계이다. 즉, 재물은 덕의 작용으로 인하여 발현되는 것이다. 덕을 가벼이 하고 재물을 중시하면 사양지심(辭讓之心)이 없어져서 백성들이 서로 다투게 되고, 덕을 두텁게 하고 재물을 가벼이 하면 백성들을 얻게 된다.

「계사하」 제1장에서는 '천지의 위대한 덕은 생이고, 성인의 위대한 보물은 덕(德)의 자리이니, 어찌 그 덕위를 지키는가. 말씀하시기를 인(仁)이오. 어떻게 사람을 모을 것인가. 말씀하시기를 재물이니, 재물을 다스리며 말씀을 바르게 하며 백성들이 잘못된 행동을 할 때 금하는 것을 의(義)라 한다'(天地之大德曰生, 聖人之大寶曰位, 何以守位, 曰仁, 何以聚人, 曰財, 理財, 正辭, 禁民爲非, 曰義.)라 하여, 덕(德)의 실천인 왕도정치(王道政治)에 대해 밝히고 있다.

즉, 첫째는 덕을 올바르게 하여 이치로써 재물을 다스리는 것이 경제원리이다.(理財) 둘째는 인간이 올바른 인성교육을 받아 인간답게 살아가게 하는 교육제도이다.(正辭) 셋째는 사법제도(禁民)에 따라 경제·교육·사법이 국가 통치정치의 기본이 되어 사랑으로써 나라를 통치하면 백성은 모여드는 것이다.

재물 재(財)는 단순한 재물의 의미를 넘어선, 조개 패(貝 = 四+八)와 재주 재(才, 삼재지도)으로, 사상(四象)과 팔괘(八卦) 그리고 천·지·인 삼재지도(三才之道)의 뜻을 가지고 있는 한자이다.

재화나 돈의 의미 속에 진리가 작용한다는 뜻으로 사랑의 마음이다.

따라서 안으로 사랑을 하고 밖으로 재물을 쓰면 사람들이 모이고, 반대로 그 덕을 올바르게 하지 않으면 백성이 흩어진다.

말씀을 바로 해야 하는 것은 '가는 말이 고와야 오는 말이 고운 것'과 같다. 재화(財貨)는 덕의 쓰임으로, 덕에 맞는지 헤아려 하늘의 뜻과 다르면 항상 경계해야 하는 것이다. 덕(德)을 말씀(言)과 재물(財)로 연결시켜 본말(本末)을 설명한 것이다.

말씀 언(言)은 돼지머리 두(亠)와 두 이(二), 그리고 입 구(口)로, 하늘의 음양 작용을 입으로 말하는 것이다. 언(言)은 말, 문자, 언어 등의 의미도 있지만, 하늘의 입장에서는 천언(天言), 성언(聖言)에 근본을 두고 있다.

사람이 말을 하는 이유는 근본적으로 하늘의 진리를 드러내고 실천하기 위한 것이다. 일반적으로 말은 자신의 의견이나 생각을 전하고, 사람 간에 의사소통하는 수단으로 생각할 수 있다. 또 행동에 항(恒)이 있어야 하는 것도 항상 항(恒)은 항구(恒久)한 성인지도(聖人之道)를 말한다. 즉, 사람의 말과 행동에는 성인이 밝힌 진리가 있어야 한다.

『정역』에서는 '성인이 말씀하지 않으시니 어찌 일부(一夫)가 감히 말하리오마는 천시(天時)이고 천명(天命)인 것이다. 오호라 하늘이 어찌 말씀을 하시면 땅이 어찌 말씀을 하겠느냐마는 일부(一夫)가 능히 말하노라'(聖人所不言, 豈一夫敢言, 時, 命. 嗚呼, 天何言哉, 地何言哉, 一夫能言.)라 하여, 하늘의 말씀을 성인(聖人)이 하는 것이다.

『논어』에서도 '공자께서 말씀하시기를 나는 말이 없고자 하노라, …… 하늘이 어찌 말하겠는가? 사시(四時)가 운행하며 백물(百物)이 생하니 하늘이 어찌 말을 하겠는가?'(子曰予欲無言. …… 天何言哉, 四時, 行焉. 百物, 生焉, 天何言哉.)라 하여, 성인 공자가 하늘의 말씀을 한 것이다.

『성경』에서도 '태초에 말씀이 있었고, 그 말씀이 하나님과 함께 계셨으니, 그 말씀은 하나님이셨느니라. 그 말씀이 태초에 하나님과 함께 계셨느니라'라 하여, 말씀은 하나님의 말씀이라 하였다.

康誥에 曰惟命은 不于常이라하니 道善則得之하고 不善則失之矣니라 楚書에 曰楚國은 無以爲寶오 惟善을 以爲寶라하니라 舅犯이 曰亡人은 無以爲寶오 仁親을 以爲寶라하니라

「강고」에서 말하기를 '오직 명은 항상함이 없는 것이라' 하니, 선을 말하면 그것을 얻을 것이고, 불선하면 그것을 잃을 것이니. 「초서」에서 말하기를 '초나라는 보물로 삼는 것이 없고 오직 선으로써 보물을 삼는 것이라' 하였다. 구범이 말하기를 '망명하신 분(문왕)은 보물로 삼는 것이 없고 어버이를 사랑하는 것을 보물로 삼는 것이라' 하였다.

【심해】

『서경』「강고」의 말씀으로, 천자로서의 명을 올바르게 하면 나라를 잘 다스릴 것이고, 올바르게 하지 못하면 백성과 나라를 잃는 것이다. 선을 쌓으면 복을 받고, 악을 행하면 재앙을 받는 인과응보의 이치이다. 명(命)은 천명(天命)이며, 모든 백성의

공통된 마음이고 생명(生命)이다.

「계사상」 제5장에서 '한 번 음하고 한 번 양하는 것을 일러 도(道)라 한다'(一陰一陽之謂道)라 하여, 도(道)는 한 번은 음으로 한 번은 양으로 작용하여, 고정되어 있지 않고 항상함이 없다는 것을 알 수 있다. 『맹자』에서는 '주나라에 복종하니 천명(天命)이 항상하지 않는다'(侯服于周, 天命靡常.)라 하여, 상나라가 패망하고 주나라에 복종하니 천명이 바뀜을 밝히고 있다.

착할 선(善)은 양 양(羊)과 여덟 팔(八), 한 일(一)과 입 구(口)로, 양 여덟 마리가 한 사람으로 돌아오는 것이다. 하늘의 팔괘(八卦)를 깨우치는 것이 착한 것이다.

「중천건괘」에서는 '원(元)이라는 것은 선의 어른이고'(元者, 善之長也.)라 하여, 원·형·이·정(元亨利貞)의 근본인 원(元)과 선(善)은 서로 짝이 된다. 「계사상」에서는 '이간(易簡)의 선(善)은 지덕(至德)과 짝한다'(易簡之善, 配至德.)라 하여, 선은 음양(陰陽) 작용하는 천도(天道)를 계승한 것이고, 지극한 덕과 짝하는 것이 선(善)이다.

선(善)이 하늘의 마음이기 때문에 깨우친 사람과 깨우친 척하는 사이비(似而非)를 구분하는 기준이 된다. 그 사람이 착한 마음으로 대중을 대하는 것과 위압이나 권위로 대하는 것이 나누어진다.

또 선(善)은 불교의 탐·진·치(貪瞋癡) 삼독심(三毒心)을 극복하는 관용(寬容)·자애(慈愛)·지혜(智慧)의 근원이다. 불교 경전에서 선남자(善男子)와 선여인(善女人)은 이것을 실천하는 사람이다.

구범(舅犯)은 진나라 문공의 외삼촌이고, 문공이 진(秦)나라에 망명해 있을 때 구범의 말을 옮겨 놓은 것이다. 인간 본성을 회복하여 실천하는 것이 중요하며, 말단인 세속적 욕망은 가벼이 여기는 하늘의 본성을 밝힌 것이다. 이것은 자신의 영적(靈的) 진급을 위한 것이고, 삶의 성숙을 위한 것으로 그 뜻을 삼아야 한다.

秦誓에 曰若有一个臣이 斷斷兮오 無他技나 其心이 休休焉혼디 其如有容焉이라 人之有技를 若己有之하며 人之彦聖을 其心好之ㅣ 不啻若自其口出이면 寔能容之라 以能保我子孫黎民이니 尙亦有利哉인져 人之有技를 娼疾以惡之하며 人之彦聖을 而違之하야 俾不通이면 寔不能容이라 以不

能保我子孫黎民이니 亦曰殆哉인져

「진서」에 말하기를 '만일 어떤 한 신하가 단단하고(진실되고 성실하고) 다른 재주는 없으나 그 마음이 아름답고 아름다워서 포용하는 것이 있는 것 같음이다. 다른 사람이 재주가 있는 것을 자신이 소유한 것처럼 여기며, 다른 사람의 아름다운 선비로움과 성스러움을 그 마음에 좋아함이 만약 자기 입에서 스스로 말로만 칭찬하는 것이 아니면 진실로 능히 포용하는 것이다. 그럼으로써 나의 자손과 백성을 보호할 것이니, 오히려 또한 이로움이 있는 것이구나! 다른 사람이 가지고 있는 기예를 시기하고 질투해서 미워하며, 다른 사람의 아름다운 선비로움과 성스러움을 어겨서 통하지 않으면, 이는 포용력이 없는 것이다. 나의 자손과 백성을 능히 보호할 수 없는 것이니 또한 위태로운 것이구나!

【심해】

『서경』「진서(秦誓)」의 말씀으로, 마음이 너그러운 사람은 본성의 순수함을 실천하는 사람이므로 남을 자기처럼 아끼고 사랑함을 이야기하고 있다. 그러나 재주는 많지만 너그럽지 못하고 본성의 순수성을 잃은 사람은 다른 사람의 뛰어나고 현명한 것을 시기, 질투하고 그를 미워하므로, 가정의 자손과 나라의 백성을 보존할 수 없는 것이다.

자기 마음이 진실한 것에 그칠 것이 아니라 다른 사람의 재주와 훌륭한 인격을 좋아하고, 진실로 칭찬하는 것이 진정한 포용이고, 이에 따라 자손과 백성이 보호될 수 있다. 또 반대로 다른 사람의 재주나 훌륭한 인격을 시기하고 질투하며 미워하면 거부하여 통하지 못하게 되어 능히 포용하지 못하므로 위태롭게 되는 것이다.

어질고 재주 있는 사람을 좋아하는 것과 시기하는 것에 대해, 『논어』에서는 '군자는 어진 사람을 존중하고, 대중을 포용하고, 선을 아름답게 하고, 능하지 못한 이를 불쌍히 여기니, 내가 큰 어진 사람일진 댄 다른 사람에 어찌 포용하지 않으며 내가 어질지 못한 사람일진 댄 사람들이 장차 나를 막을 것이니, 어찌 다른 사람을 막으리오'(君子, 尊賢而容衆, 嘉善而矜不能, 我之大賢與, 於人, 何所不容, 我之不賢與, 人將拒我, 如之何其拒人也.)라 하여, 어진 사람을 존중하고 선을 아름답게 하는 마음과 행동이 중요하다고 하였다.

『맹자』에서는 '어진 사람을 존중하고 재능 있는 사람을 부려서 준걸이 자리에 있으면 천하의 선비가 모두 기뻐서 그 조정에 서고자 하는 것이다'(孟子, 曰尊賢使能, 俊傑, 在位則天下之士, 皆悅而願立於其朝矣.)'라 하여, 어진 사람을 높이고 능력 있는 사람을 쓰는 이치를 밝히고 있다.

『동의수세보원』에서는 '천하의 악이 어진 사람을 시기하고 재능을 질투하는 것보다 더 많은 것이 없고, 천하의 선이 어진 사람을 좋아하고 선을 즐거워하는 것보다 큰 것이 없으니, 어진 사람을 시기하고 재능을 질투하지 않으면서 악을 하면 악이 반드시 많지 않을 것이고, 어진 사람을 좋아하지 않고 선을 즐기지 않으면서 선을 하면 선이 반드시 크지 못할 것이다. 옛글을 상고하건데, 천하의 병을 얻음이 모두 어진 사람을 질투하고 재능을 시기하는 것에서 나오고, 천하의 병을 구제하는 것이 모두 어진 사람을 좋아하고 선을 즐기는 것에서 나오니, 그러므로 어진 사람을 질투하고 재능을 시기하는 것은 천하의 많은 병이고, 어진 사람을 좋아하고 선을 즐거워하는 것은 천하의 위대한 약이라 한다'(天下之惡, 莫多於妬賢嫉能. 天下之善, 莫大於好賢樂善. 不妬賢嫉能而爲惡則惡必不多也, 不好賢樂善而爲善則善必不大也. 歷稽往牒, 天下之受病, 都出於妬賢嫉能. 天下之救病, 都出於好賢樂善, 故 曰妬賢嫉能 天下之多病也. 好賢樂善, 天下之大藥也)라 하여, 세상의 선악(善惡)을 호현락선(好賢樂善)과 투현질능(妬賢嫉能)에 연계시켜 논하고 있다.

즉, 투현질능은 천하 병의 근원이고, 호현락선은 위대한 약으로, 어질고 재능있는 사람을 질투하거나 시샘하지 않고 좋아하고 즐거워하는 마음이 세상을 아름답게 만들 것이다.

唯仁人이아 放流之하야 迸諸四夷하야 不與同中國하나니 此謂唯仁人이아 爲能愛人하며 能惡人이니라

오직 어진 사람이어야 이들을 추방하고 유배를 보내서, 사방 오랑캐 땅으로 내쫓아 이들과 나라 가운데서 함께 하지 아니하나니, 이것을 일러서 오직 어진 사람이어야 능히 다른 사람을 사랑할 수 있고, 능히 다른 사람을 미워할 수 있는 것이다.

【심해】

오직 본성의 덕을 지닌 사람만이 다른 사람을 사랑도 하고, 미워도 할 수 있는 것이다. 『논어』에서도 '오직 어진 사람이어야 능히 사람을 좋아하며 능히 사람을 미워하는 것이다'(子曰惟仁者, 能好人, 能惡人.)라 하였다. 사람을 좋아하고 싫어함에도 사심(私心)이 없이 어진 마음을 지닌 사람만이 분별할 수 있는 것이다. 공자는 사람을 사랑하는 것이 인(仁)이라고 했지만, 인(仁)의 본질은 무조건적인 사랑이 아닌 때에 맞아야 하고,

미루어가는 사랑이다.

애인(愛人)과 오인(惡人)은 사상인의 호선지심(好善之心)과 오악지심(惡惡之心)으로 연계된다. 『격치고』에서는 '사람의 마음에 선을 좋아하고 악을 미워하는 것과 어진 이를 귀하게 하고 불초한 자를 천히 하는 것은 인지상정(人之常情)이다'(好善嫉惡人情之常也. …… 貴賢賤不肖人正之常也.)'라 하고, '어진 이를 좋아하면 모남이 없어야 하고, 악을 미워함에는 핍박이 없어야 하는 것이니, 「치의편」의 어진 이를 좋아함은 믿음과 아낌이 실질적인 것이고, 「항백편」의 악을 미워함은 충성과 공경이 족한 것이니'(好賢不可銳也. 惡惡不可迫也. 緇衣之好賢 信愛實也. 巷伯之惡惡忠敬足也.)라 하여, 호선은 믿음과 아낌, 오악은 충성과 공경을 바탕으로 해야 한다고 하였다.

또한 호선과 오악의 기준이 『예기(禮記)』에 있다고 하면서, '사람을 아는 것은 요임금 같은 연후에야 어진 이를 좋아함에 근원적으로 길하며, 자기를 바르게 하는 것은 맹자같은 연후에야 악을 미워해도 허물이 없는 것이다'(曰 記曰, 好賢, 如緇衣, 惡惡, 如巷伯, …… 知人, 如帝堯然後, 好賢而元吉. 正己, 如孟子然後, 惡惡而無咎. 是故 古之國君, 進賢如不得已.)라 하여, 오악(惡惡)함은 맹자와 같아야 함을 직접적으로 밝히고, 호선하면 상과 벌을 공평하게 할 수 있으며, 사람이 재주가 있고 다른 사람을 만날 때 아끼는지를 알 수 있다.

여기서 사람을 좋아하면 길(吉)이고, 미워하면 흉(凶)이라는 이분법적 사고에 대해 생각해 보고자 한다. 길흉(吉凶)은 둘이 아니라 길함은 길함대로 흉함은 흉함대로 의미가 있다.

「계사하」 제1장에서는 '길흉은 곧음이 이기는 것이다'(吉凶者, 貞勝者也.)라 하여, 길흉을 대상적 입장에서 둘로 나눠진 결과로 규정하지 않고, 주체적 입장에서 바른길(貞道)이 이기는 하나의 통합된 과정으로 정의하고 있다. 외적인 행동의 결과는 얻음·좋음·이로움 등으로 표현되는 길(吉)과 잃음·나쁨·해로움 등으로 표현되는 흉으로 나누어 나타나지만, 내적인 성찰의 과정은 결국 곧음이 이기는 하나의 과정인 것이다.

길흉을 곧음이 이기는 것으로 파악하는 것은 내면의 주체적 자각인 자아성찰을 통해 길흉을 자기 발전의 계기로 삼는다는 것을 의미한다. 자아 성찰의 관점에서 보면, 길흉은 결코 고정된 것이 아니라 각각 자기 발전의 계기가 될 수 있다.

「계사하」 제1장에서는 이어서 '길흉은 밖에서 나타나고'(吉凶, 見乎外)라 하여, 길흉이 인간의 행동을 통해 객체적으로 밖으로 드러남을 논하고 있다. 따라서 길흉을 곧음이 이기는 것으로 논한 위 부분은 주체적 자각에 근거한 내면에서 길흉을 일체적인 것으로 파악한 것이다.

「중지곤괘」에서는 '군자는 공경으로써 안을 바르게 하고 의로써 밖을 방정하게 한다'(君子, 敬以直內, 義以方外)라 하여, 안과 밖을 논하면서 공경 즉, 예는 자신의 내면적 세계인 안을 바르게 하며, 의는 외면적 세계인 밖을 방정(方正)한 것이다. 결국 길흉도 예를 통해 인간 주체 내에서 일체적으로 전개되는 측면과 의를 통해 밖으로 방정하게 드러나는 측면이 함께 전개되는 것이다.

「계사하」에서는 '역은 궁하면 변하고, 변하면 통하고, 통하면 항구하니, 이러한 까닭으로 하늘로부터 도와서 이롭지 않음이 없다'(易, 窮則變, 變則通, 通則久, 是以自天佑之, 吉无不利)라 하여, 역은 곤궁한 흉이 변하고 통하여 항구한 길로 귀결됨을 밝히고 있다. 인간이 곧음이 이기는 자아성찰을 통해 변통한다면, 하늘로부터 도와서 길하기 때문에 흉도 결국 길로 변화됨을 논하고 있다.

즉, 길흉을 통해 자기를 반성하고 아름답게 살아가려는 노력이 중요하다는 것을 알 수 있다. 살았을 때는 생(生)의 이치를 바르게 지키고, 죽음에 임해서 마침의 이치를 바르게 지킴으로써 생사(生死)에 여일(如一)하게 되는 것이다.

見賢而不能擧하며 擧而不能先이 命也오 見不善而不能退하며 退而不能遠이 過也니라 好人之所惡하며 惡人之所好ㅣ 是謂拂人之性이라 菑必逮夫身이니라 是故로 君子ㅣ 有大道하니 必忠信以得之하고 驕泰以失之니라

어진 사람을 보고도 등용하지 않고, 등용하고도 먼저 하지 않는 것이 명(命)이고, 불선을 보고도 물러나지 않고 물러나도 멀리하지 않음이 과(過)인 것이다. 다른 사람이 미워하는 바를 좋아하고 다른 사람이 좋아하는 바를 미워하는 것은 이것을 일러 사람의 본성을 거스르는 것이라. 재앙이 반드시 그 몸에 미칠 것이다. 그러므로 군자는 큰 도가 있으니 반드시 충과 신으로써 그것을 스스로 얻고, 교만함과 방자함으로써 그것을 잃는 것이다.

【심해】

본성의 덕을 지닌 어진 사람을 먼저 등용해야 백성이

모여들어 나라가 보존된다. 하지만 어진 사람을 보고도 등용하지 않고 등용한다고 해도 먼저 쓰지 않는 것은 그 사람이 태만(怠慢)한 것이라 하였다. 이 글에서 밝힌 '명(命)'에 대하여, 정현은 '게으름(慢)'으로, 정이는 '태(怠)'로, 주희는 '만(慢)'으로 해석하였다.

즉, 덕을 지니고 있지 않은 사람을 보고도 멀리하지 않는 것은 그 사람의 잘못된 행위임을 말하고 있다. 사람이 미워하는 바를 미워하고 좋아하는 바를 좋아하는 것이 인간의 본성이다. 하지만 반대로 미워하는 바를 좋아하고, 좋아하는 바를 미워하는 것은 인간의 본성에 거스르는 것이다. 본성을 거스르면 다른 사람과 조화를 이루지 못하고 패망하게 되며, 혈구지도에 어긋나게 되는 것이다.

『예기』에서는 성인이 천하를 다스리면서 부족함이 없는 덕(德)의 정치를 논하고 있다. '성인이 남면하여 천하를 다스리는 데는 먼저 할 것이 다섯 가지가 있는데, 백성은 여기에 속하지 않는다. 그 첫 번째는 친족을 다스리는 것이며, 둘째는 공로에 보답하는 것이며, 셋째는 어진 사람을 등용하는 것이며, 넷째는 유능한 사람을 부리는 것이며, 다섯째는 사랑하는 것을 살피는 것이다. 이 다섯 가지를 모두 천하에서 얻는다면, 백성들이 부족함이 없을 것이며 넉넉하지 않은 것이 없을 것이다. 이 다섯 가지에서 단 한 가지 일이라도 어긋남이 있으면, 백성들은 곧

죽을 곳을 얻지 못할 것이다. 성인이 남면하고 천하를 다스리는 것은 반드시 인도(人道)에서부터 시작된다'(聖人南面而聽天下, 所且先者五, 民不與焉. 一曰治親, 二曰報功, 三曰擧賢, 四曰使能, 五曰存愛. 五者一得於天下, 民無不足無不贍者. 五者一物紕繆, 民莫得其死. 聖人南面而治天下, 必自人道始矣.)라 하여, 성인이 천하를 다스리는 법도를 전하고 있다.

성(性)은 마음 심(心)과 날 생(生)으로 마음을 낳는 본성(本性)이다. 「계사상」에서는 '한 번 음하고 한 번 양으로 작용하는 것을 도(道)라 하고 계승한 것이 선(善)이고, 완성된 것이 성(性)이다'(一陰一陽之謂道, 繼之者, 善也, 成之者, 性也.)라 하여, 천도(天道)의 음양작용이 인간 본성으로 내재화되어 선성(善性)이 된 것이다.

『중용』에서는 '하늘이 명한 것이 성(性)이고'(天命之謂性)라 하여, 성(性)은 천명(天命)이 내재화된 것임을 알 수 있다.

『동의수세보원』에서는 '비록 선을 좋아하는 마음이라도 치우치고 급하게 선을 좋아하면 선을 좋아함이 반드시 밝지 못할 것이고, 비록 악을 미워하는 마음이라도 치우치고 급하게 악을 미워하면 악을 미워함이 반드시 두루 하지 못할 것이다. 천하의 일은 마땅히 좋은 사람과 더불어 해야 하니, 좋은 사람과 더불어 하지 않으면 희락(喜樂)이 반드시 번거로울 것이다. 천하의 일은 마땅히 좋지 못한 사람과 더불어 하면 안

되니 좋지 못한 사람과 더불어 하면 애노(哀怒)가 더욱 번거로울 것이다'(雖好善之心, 偏急而好善則好善, 必不明也. 雖惡惡之心, 偏急而惡惡則惡惡, 必不周也. 天下事 宜與好人做也 不與好人做則喜樂必煩也. 天下事, 不宜與不好人做也, 與不好人做則哀怒益煩)라 하여, 사상인 애·노·희·락(哀怒喜樂)의 거스르는 것을 논하고 있다.

사상인의 애·노·희·락이 절도에 맞으면 호선지심(好善之心)과 오악지심(惡惡之心)의 치우치고 급한 것이 없지만 애·노·희·락(哀怒喜樂)이 절도에 맞지 못하여 폭동(暴動)하거나 낭동(浪動)하면 호선지심과 오악지심이 치우치고 급하게 된다는 것이다. 치우치고 급하게 되면, 교·긍·벌·과(驕矜伐夸)의 이기심과 탈·치·나·절(奪侈懶竊)의 탐욕심이 작용하여 선한 본성을 망각하고 욕망을 좇아서 살아가게 되는 것이다.

또한 군자가 나라를 다스리는 큰 도리(道理)가 있는데, 그것은 백성이 좋아하는 것을 좋아하고, 백성이 싫어하는 것을 싫어하여, 백성과 한마음이 되는 것이다. 군자의 큰 도리는 자기 본성을 잡고 있는 중도(中道)의 마음과 사람들의 말을 잘들어야 한다. 하지만 내가 남보다 잘났다고 교만하거나 방자하면 그 도리를 잃어버리게 된다.

충(忠)은 가운데 중(中)과 마음 심(心)으로, 중도의 마음이고, 중심(中心)이다. 즉, 자기의 본성을 잡고 있는 마음이라는 뜻이다. 신(信)은 사람인(人)과 말씀 언(言)으로 사람의 말을 믿는 것이며,

성인의 말씀을 믿는 것이다.

「중천건괘」에서는 '군자는 덕에 나아가서 업을 닦는 것이니 충(忠)과 신(信)은 덕에 나아가는 까닭인 것이고, 말씀을 닦고 그 진실을 세우는 것이 업에 거하는 것이다'(子 曰君子, 進德修業, 忠信, 所以進德也, 修辭立其誠, 所以居業也.)라 하여, 충신(忠信)은 자기 본성에 나아가는 것임을 밝히고 있다.

『맹자』에서는 '선(善)으로써 사람을 가르치는 것을 충(忠)이라 하고'(敎人以善, 謂之忠.), '스스로 돌이켜 충(忠) 하고'(自反而忠矣)라 하여, 충은 마음의 중심인 선성(善性)이 드러나는 것이라 하였다.

「계사상」에서는 '하늘이 돕는 것은 순응이고, 사람이 돕는 것은 믿음이니, 믿음을 밟고 순응함을 생각하고 또 어진 이를 숭상함이라, 이로써 하늘로부터 도와서 이롭지 않음이 없는 것이다'(天之所助者, 順也, 人之所助者, 信也, 履信思乎順, 又以尙賢也, 是以自天祐之吉无不利也.)라 하여, 믿음은 본성의 덕에 나아가는 것이고, 하늘이 돕는 길이라 하였다.

「화천대유괘(火天大有卦)」에서는 '그 믿음으로 사귀는 것 같음은 믿음으로 뜻을 발하는 것이고'(厥孚交如, 信以發志也.)라 하고, 「택화혁괘(澤火革卦)」에서는 '천명을 바꾸어서 길한 것은 하늘의 뜻을 믿기 때문이다'(改命之吉, 信志也.)라 하여, 진리에 대한 믿음이 중요함을 강조하고 있다.

『논어』에서는 '네 가지를 가르치시니 문(文)·행(行)·충(忠)·신

(信)인 것이다'(子 以四教, 文行忠信.)라 하고, '믿음을 돈독하게 하고 성학(聖學)을 좋아하면 죽음을 지키고 진리를 선하게 하는 것이다'(子曰篤信好學, 守死善道.), '믿음을 좋아하고 학문을 좋아하지 않으면 그 폐단은 해치는 것이고'(好信不好學, 其蔽也, 賊.)라 하여, 맹목적인 믿음을 경계하면서 성인의 말씀을 믿고 성인의 가르침을 따라야 함을 알 수 있다.

태(泰)는 '크다, 편안하다'라는 뜻과 '교만하다'로 이중적인 의미를 지니고 있다. 자신과 하늘이 통하기 위해서는 교만함을 경계해야 한다는 의미를 내포하고 있다. 『논어』에서는 '군자는 통하지만 교만하지 않고, 소인은 교만하고 통하지 않는 것이다'(子曰君子, 泰而不驕, 小人, 驕而不泰.)라 하고, '없는데 있다 하며, 비었는데 가득 찼다고 하며, 간략한데 크다고 하면 항도(恒道)에서 어려운 것이다'(亡而爲有, 虛而爲盈, 約而爲泰, 難乎有恒矣.)라 하여, 태(泰)의 긍정적 의미와 부정적 의미를 함께 사용하고 있다.

生財 有大道하니 生之者ㅣ 衆하고 食之者ㅣ 寡하며 爲之者ㅣ 疾하고 用之者ㅣ 舒하면 則財恒足矣리라

재물을 생산하는 데 큰 방법이 있으니, 생산하는 사람은 많고 먹는 사람(쓰는 사람)은 적으며, 하는 것이 빠르고 쓰는 것은 느슨하면 재물이 항상 넉넉할 것이다.

【심해】

군자는 인간다운 인격적인 삶을 살아가는 사람으로 백성과 한마음이 되어 경제적인 항상(恒常)함을 이루어 가야 한다. 재물을 생산하는 데 큰 방법이 있다는 것은 형이상을 일관하는 진리가 있다는 뜻이다. 즉, 하늘의 위대한 덕은 진리를 이 땅에 드러내는 데 뜻이 있고, 성인은 그 하늘의 뜻을 받들어 사랑을 전하는 것이고, 이 사랑은 재물로 전개되는 것이다.

치국(治國)과 평천하(平天下)는 재(財)를 어떻게 다스리는지에 대한 답을 찾아가느냐에 달린 것으로도 이해할 수 있다.

『맹자』에서는 '항산이 없으면 항심이 없다'(無恒産, 無恒心.)라

하여, 백성들이 일정한 재산(생산)이 없으면 일정한 마음이 없어 방종과 타락하게 되는 것이다. 즉, 경제적인 안정은 나라를 잘 다스리는 근본이 되며, 온 세상을 평안하게 하는 평천하(平天下)를 구현하게 되는 것이다.

재(財)를 천·인·지 삼재지도(三才之道)의 입장으로 살펴보면, 땅의 입장인 일상적 차원에서는 돈, 재화, 물자, 재능, 재료 등을 상징하고, 사람의 입장인 마음적 차원에서는 마음을 나누는 것으로 마음의 재화이고, 하늘의 입장인 근원적 차원에서는 사상, 팔괘, 삼재지도라는 진리의 표상을 나타낸다.

항상 항(恒)은 '항상', '언제나', '늘'의 뜻이자, 『주역』 32번째 괘인 「뇌풍항괘」의 이름이다. 「뇌풍항괘」에서는 '항은 오랜 것이니'(恒, 久也.)라 하여, 오래다는 항구(恒久)임을 알 수 있다. 또 '천지(天地)의 도는 항구(恒久)하고 그치지 않는 것이다. 갈 바가 있음이 이로운 것은 마치면 곧 시작이기 때문이다. 일월(日月)이 하늘을 얻어서 능히 오래 비추고, 사시(四時)가 변화하여 능히 오래 이루고, 성인이 그 도(道)에 오래하여 세상이 감화되어 완성되니, 그 항(恒)하는 것을 보면 천지와 만물의 뜻을 가히 볼 수 있는 것이다'(天地之道, 恒久而不已也. 利有攸往, 終則有始也. 日月, 得天而能久照, 四時, 變化而能久成, 聖人, 久於其道而天下, 化成, 觀其所恒而天地萬物之情, 可見矣.)라 하여, 진리는 종시(終始)이고, 이것이 천지(天地)·일월(日月)·사시(四時)·성인(聖人)의 네 가지

항구함으로 드러나는 것이다.

항(恒)은 항구(恒久)한 성인지도(聖人之道)이고, 자신의 본성에 항상(恒常)하는 것이다. 덕(德)에 항상하기 위해서는 성인지도에 뜻을 세웠으면 방소를 바꾸지 않는 '입불역방'(立不易方)을 해야 한다.

따라서 '재물이 항상 넉넉할 것이다'(財恒足)는 사상(四象)·팔괘(八卦)·삼재지도(三才之道)의 진리와 성인지도(聖人之道)에서 넉넉할 것이라는 뜻으로 풀이할 수 있다.

仁者는 以財發身하고 不仁者는 以身發財니라

어진 자는 재물로써 몸을 일으키고, 어질지 못한 자는 몸으로써 재물을 일으키는 것이다.

【심해】

어진 사람은 진리를 깨우치고 인간본성을 회복하고자 자신을 닦지만, 어질지 못한 사람은 몸의 욕망을 채우기 위해 재물을 추구한다는 것이다.

재(財)를 두 가지 측면으로 논하고 있다. 어진 사람이 '재물로써 몸을 일으키는 것'(以財發身)은 사상(事象)·팔괘(八卦)·삼재지도(三才之道)로써 몸과 마음을 올바르게 세우는 것이고, 어질지 못한 사람이 '몸으로써 재물을 일으키는 것'(以身發財)은 자신의 욕망으로 대상적 재물을 모으는 것이다. 앞의 재(財)는 형이상의 뜻을 실천하는 것이고, 뒤의 재는 단순히 재물을 모으는 형이하적 행동이다.

또 어진 사람은 재물이 있으면 그것을 나누고 베풀어 자신을 바로 세우고, 어질지 못한 사람은 자신의 욕심을 채우기 위해 재물을 추구한다고 할 수도 있다.

인(仁)과 불인(不仁)을 통해 한자에는 이중적 의미가 있음을 알 수 있다. 몸 신(身)은 마음을 닦는다는 수신(修身)의 뜻도 있지만, 욕망을 담고 있는 육신(肉身)의 의미도 있다.

未有上好仁而下不好義者也니 未有好義오 其事不終者也며 未有府庫財ㅣ 非其財者也니라

윗 사람이 인을 좋아하면 아랫 사람은 의를 좋아하지 아니하는 경우가 없으니, 의를 좋아하면 그 일을 마치지 아니하는 경우가 없고, 창고에 재물이 있는데 그 재물이 아닌 것이 없는 것이다.

【심해】

인(仁)은 자기를 완성하고, 다른 사람을 인격적 세계로 지도하는 사랑의 마음이다. 의(義)는 사람과 만물, 사람과 사람의 사회적 관계를 주관하여 바르지 않은 것을 미워하는 마음이다.(羞惡之心)

윗 사람이 인(仁)을 좋아하면 아랫 사람은 의롭게 따라오고, 의를 좋아하면 그 일을 마칠 수 있고, 내 마음의 창고에 재물인 진리의 말씀이 가득하면 그 재물을 쓰지 못함이 없다는 뜻이다.

재물은 자기 몸을 책임지는 것으로 자기 마음에 진리를 많이 쌓는 것이 중요하다. 내 마음의 창고에 있는 재물은 인(仁)과 의(義)로 해석할 수 있는데, 인은 체(體)이고 의는 작용(用)으로

인(仁)과 의(義)는 체용의 관계임을 알 수 있다.

일 사(事)에 대해, 「계사상」에서는 '변화에 통하는 것을 일러 사(事)라고 한다'(通變之謂事)라 하고, 『동의수세보원』에서는 '인사유사(人事有四)'의 '사무(事務)'와 같은 의미이다. 사람이 하늘의 뜻을 깨우쳐 행하는 이치를 의미한다.

『중용』에서는 '공자께서 배우기를 좋아하면 지(知)에 가깝고, 실천함에 힘쓰면 인(仁)에 가까우며 부끄러움을 아는 것은 용(勇)에 가깝다. 이 세 가지를 알면 몸을 닦는 방법을 알며, 몸을 닦는 방법을 알면 남을 다스리는 방법을 알며, 남을 다스리는 방법을 알면, 천하와 국가를 다스리는 방법을 안다'(子曰好學, 近乎知, 力行, 近乎仁, 知恥, 近乎勇. 知斯三者則知所以修身, 知所以修身則知所以治人. 知所以治人則知所以治天下國家矣.)라 하여, 몸을 닦는 것은 지·인·용(知仁勇)을 갖추는 것으로 밝히고 있다.

용(勇)은 의용(義勇)으로 표현되는데, 인·의·예·지(仁義禮智)를 갖춰 나의 몸과 마음을 닦으면 백성들과 동화(同和)되어, 결국은 자연스럽게 치국·평천하(治國·平天下)가 되는 것이다.

孟獻子ㅣ 曰畜馬乘은 不察於鷄豚하고 伐氷之家는 不畜牛羊하고 百乘之家는 不畜聚斂之臣하나니 與其有聚斂之臣으론 寧有盜臣이라하니 此謂國은 不以利爲利오 以義爲利也니라

맹헌자가 말하기를 '말(네 필의 말)을 기르는 자는 닭이나 돼지를 살피지 않고, 얼음을 자르는 가문에서는 소나 양을 기르지 않는 것이고, 백승의 집안은 백성을 수탈하는 신하를 기르지 않으니, 취렴하는 신하를 함께 할 바에는 차라리 도둑질하는 신하를 두라'고 하였으니, 이것을 일러 나라는 이로움으로 이로움을 삼지 않고, 의로움으로 이로움을 삼는 것이다.

【심해】

노(魯)나라의 어진 대부인 맹헌자는 네 마리의 말을 기르는 집과 닭과 돼지를 기르는 집, 얼음을 사용하는 집(그 시대에 집에

석빙고가 있어서 여름에 얼음을 자르는 가문은 경대부 이상의 큰 집안임을 의미한다.)과 소와 양을 기르는 집, 백승(百乘)의 집안(소나 말을 400마리 정도 기르는 집이다.)과 백성을 수탈하는 신하를 비교하여 말하고 있다.

윗사람이 재물을 탐내어 함부로 거둬들이면 백성들은 의(義)를 생각할 수 없다. 나라의 진정한 의로움이란 경제적 상황에 맞춰서 해야 할 일과 하지 말아야 할 일을 스스로 알고 지키는 것이다. 그러므로 재물을 모으는 것에 앞서 백성들이 의롭게 되는 것이 나라에 이로운 것이다.

『예기』에서는 '공자께서 이르시길 소인이 가난하면 구차해지고 부자가 되면 교만해진다. 구차하면 도둑질을 하게 되고 교만하면 어지러워진다. 예란 사람의 정에 기인해 절제하고 꾸며서 백성이 잘못됨을 막는 것이다. 고로 성인은 부귀를 제어해 백성으로 하여금 부자가 되어도 교만하지 말고, 가난해도 지나치게 절약하는데 이르지 말고 귀하게 되어도 윗사람을 불평하지 않도록 했다. 그러므로 어지러운 것이 더욱 없어지게 된다'(子云, 小人貧斯約, 富斯驕. 約斯盜, 驕斯亂. 禮者, 因人之情而爲之節文, 以爲民坊者也. 故聖人之制富貴也, 使民富不足以驕, 貧不至於約, 貴不慊於上, 故亂益亡.)라 하여, 재물을 모으는 데, 교만함과 구차함에 치우치지 말고 중도(中道)를 지키는 예를 밝히고 있다.

『논어』에서는 '천승의 나라를 다스리되 하늘의 일을 공경히 하고 성인의 말씀을 믿으며, 쓰임을 절도 있게 하고 사람을 사랑하며, 백성을 부리는 데 때에 맞게 하여야 한다'(道千乘之國, 敬事而信, 節用而愛人, 使民以時.)라 하고, 또 '정치는 재물을 절도 있게 하는 데 있다'(政在節財)라 하여, 재물을 모으는 것도 중요하지만 재물의 쓰임이 더 중요함을 말하고 있다.

長國家而務財用者는 必自小人矣니 小而之使爲國家면 菑害竝至라 雖有善者나 亦無如之何矣니 此謂國은 不以利爲利오 以義爲利也니라

국가의 어른이 되어 재물을 쓰는 것에 힘쓰는 사람은 반드시 소인으로부터 비롯되는 것이니, 소인이 국가를 부리게 되면 재앙과 해로움이 아울러서 이른다. 비록 선한 자가 있으나 어찌할 수 없으니, 이것을 일러 나라는 이로움으로 이로움을 삼지 않고 의로움으로 이로움을 삼는 것이다.

【심해】

국가를 성장시키려는 사람이 재물을 모으는 것에만 노력하고 백성을 의롭게 하는 것에는 소홀히 하면, 비록 선한 사람이 있다고 하더라도 어쩔 수 없이 그 나라는 망할 것이다. 그러므로 국가의 지도자가 된 사람은 인(仁)을 회복하여 의로움의 중요함을 깨우쳐 백성들을 의롭게 해야 한다.

『맹자』에서는 '맹자께서 양(梁)나라 혜(惠)왕을 만나셨는데 혜왕이 말하길 노선생께서 천 리를 멀다 여기지 않고 오셨으니, 또한 장차 무엇을 가지고 우리나라를 이롭게 할 수 있겠습니까? 맹자 대답하시길 왕께서는 하필 이익을 말씀하십니까? 인(仁)과 의(義)가 있을 뿐입니다'(孟子見梁惠王, 王曰叟不遠千里而來, 亦將有以利吾國乎. 孟子對曰 王, 何必曰利, 亦有仁義而已矣.)라 하여, 부국강병을 우선적인 이익으로 생각하는 양혜왕에게 인(仁)의 회복과 의로움(義)의 중요함을 깨우쳐 주고 있다.

『대학』의 마지막 두 문장의 결론은 '이로움으로 이로움을 삼지 않고, 의로움으로 이로움을 삼는 것이다'(不以利爲利, 以義爲利也.)로, '이의위리'(以義爲利)로 맺고 있다.

『맹자』의 첫 문장인 '하필 이익을 말씀하십니까? 인(仁)과 의(義)가 있을 뿐입니다'(何必曰利, 亦有仁義而已矣.)와 대비되고 있다. 『대학』이 끝난 자리에서 『맹자』가 시작됨을 통해 『대학』과 『맹자』가 모두 왕도정치(王道政治)를 밝히고 있음을 알 수 있다.

『논어』에서는 '지금의 성인은 어찌 굳이 그러할 것이 있겠는가? 이로움(利)을 보고 의로움(義)을 생각하며, 위태로움을 보고 목숨을 바치며, 오랜 약속에 평소의 말을 잊지 않는다면 성인이라 할 수 있다'(曰今之成人者, 何必然, 見利思義, 見危授命, 久要, 不忘平生之言, 亦可以爲成人矣.)라 하여, 견의사의(見利思義)를 밝히고 있다.

즉, 인간의 완성됨을 말하면서 강조하는 말인즉 어떠한 사건이나 사물, 뜻하지 않은 이익을 취할 때 당장 눈앞의 이익보다는 대의(大義)를 먼저 생각해야 하는 것이다.

「중천건괘」에서는 '이(利)라는 것은 의(義)의 화합이고, 만물을 이롭게 하는 것이 족히 의에 화합하며'(利者, 義之和也, …… 利物, 足以和義.)라 하여, 의(義)는 원·형·이·정(元亨利貞)의 이(利)에 근거를 둔 인간 본성의 덕(德)임을 알 수 있다.

「중지곤괘」에서는 '곧음은 바름이고, 방정함은 정의이니, 군자가 경(敬)으로써 안을 바르게 하고, 의(義)로써 밖을 방정하게 하여 경(敬)과 의(義)가 서면 덕은 외롭지 않으니'(直, 其正也, 方, 其義也, 君子, 敬以直內, 義以方外, 敬義立而德不孤.)라 하여, 정의(正義)로써 밖으로 방정하게 행동하는 것이다.

또 「중천건괘」에서는 '건도(乾道)의 시작이 능히 아름다운 이로움으로써 천하를 이롭게 하지만, 이로운 것을 말씀하지 않으니 위대한 것이다'(乾始, 能以美利, 利天下, 不言所利, 大矣哉.)라 하여, 하늘의 작용은 미리(美利)로 세상을 이롭게 하지만 이로운 것을 말하지 않는 것이다. 하늘이 세상에 주는 이로움은 미리(美利)이다.

묵정밭 치(菑)는 재앙 재(災)로 하늘이 내리는 것이라면, 해로울 해(害)는 사람이 스스로 지어서 받는 해로움이다. 하늘이 내린 재앙은 자기반성과 성찰(省察)로 이겨 나갈 수 있지만, 사람이 지은 재앙은 피할 길이 없는 것이다. 자기가 지은 것은 자기가 받아야 하는 것은 인과(因果)의 이치이다.

『정전』 제3절 작업취사(作業取捨)에서는 요지를 '작업이라 함은 무슨 일에나 안·이·비·설·신·의(眼耳鼻舌身意) 육근을 작용함을 이름이요, 취사라 함은 정의는 취하고 불의는 버림을 이름이니라' 하고, 목적을 '대범, 우리 인류가 선(善)이 좋은 줄은 알되 선을 행하지 못하며, 악이 그른 줄은 알되 악을 끊지 못하여 평탄한 낙원을 버리고 험악한 고해로 들어가는 까닭은 그 무엇인가. 그것은 일에 당하여 시비를 몰라서 실행이 없거나, 설사 시비는 안다 할지라도 불 같이 일어나는 욕심을 제어하지 못하거나, 철석같이 굳은 습관에 끌리거나 하여 악은 버리고 선은 취하는 실행이 없는 까닭이니, 우리는 정의어든 기어이 취하고 불의어든 기어이 버리는 실행 공부를 하여, 싫어하는 고해는 피하고 바라는 낙원을 맞아 오자는 것이니라'하고, 결과를 '우리가 작업 취사 공부를 오래오래 계속하면, 모든 일을 응용할 때에 정의는 용맹 있게 취하고, 불의는 용맹 있게 버리는 실행의 힘을 얻어 결국 취사력을 얻을 것이니라'하여, 작업취사를 함에 있어서 정의(正義)와 불의(不義)가 실행공부의 근본임을 밝히고 있다.

고본대학(古本大學, 『예기』 第四十二)

동무 이제마의 사상적 사유체계와 『대학』

고본대학(古本大學, 『예기』 第四十二)

大學之道, 在明明德, 在親民, 在止於至善.

知止而后有定, 定而后能靜, 靜而后能安, 安而后能慮, 慮而后能得.

物有本末, 事有終始, 知所先後則近道矣.

古之欲明明德於天下者, 先治其國. 欲治其國者, 先齊其家. 欲齊其家者, 先修其身. 欲修其身者, 先正其心. 欲正其心者, 先誠其意. 欲誠其意者, 先致其知. 致知在格物.

物格而后知至, 知至而后意誠, 意誠而后心正, 心正而后身修, 身修而后家齊, 家齊而后國治, 國治而后天下平.

自天子以至於庶人, 壹是皆以修身爲本. 其本亂而末治者否矣, 其所厚者薄而其所薄者, 厚未之有也. 此謂知本, 此謂知之至也.

所謂誠其意者, 毋自欺也, 如惡惡臭, 如好好色,此之謂自謙. 故君子必愼其獨也.

小人閒居爲不善, 無所不至, 見君子而后厭然揜其不善而著其善. 人之視己, 如見其肺肝然, 則何益矣? 此謂誠於中, 形於外, 故君子必愼其獨也.

曾子曰, "十目所視, 十手所指, 其嚴乎!"

富潤屋, 德潤身, 心廣體胖, 故君子必誠其意.

詩云, "瞻彼淇澳, 菉竹猗猗. 有斐君子, 如切如磋, 如琢如磨. 瑟兮僩兮, 赫兮喧兮. 有斐君子, 終不可諠兮." 如切如磋者, 道學也. 如琢如磨者, 自修也. 瑟兮僩兮者, 恂慄也. 赫兮喧兮者, 威儀也. 有斐君子終不可諠兮者, 道盛德至善民之不能忘也.

詩云, "於戲! 前王不忘." 君子賢其賢而親其親, 小人樂其樂而利其利, 此以沒世不忘也.

康誥曰, "克明德." 太甲曰, "顧諟天之明命." 帝典曰, "克明峻德." 皆自明也.

湯之盤銘曰, "苟日新, 日日新, 又日新." 康誥曰, "作新民." 詩云, "周雖舊邦, 其命惟新." 是故君子無所不用其極.

詩云, "邦畿千里, 惟民所止." 詩云, "緡蠻黃鳥, 止于丘隅." 子曰, "於止, 知其所止, 可以人而不如鳥乎!"

詩云, "穆穆文王, 於緝熙敬止." 爲人君, 止於仁, 爲人臣, 止於敬. 爲人子, 止於孝. 爲人父, 止於慈. 與國人交, 止於信.

子曰, "聽訟, 吾猶人也, 必也使無訟乎." 無情者不得盡其辭. 大畏民志, 此謂知本.

所謂修身在正其心者, 身有所忿懥, 則不得其正. 有所恐懼, 則不得其正. 有所好樂, 則不得其正. 有所憂患, 則不得其正. 心不在焉, 視而不見, 聽而不聞, 食而不知其味. 此謂修身在正其心.

所謂齊其家在修其身者, 人之其所親愛而辟焉, 之其所賤惡而辟焉, 之其所畏敬而辟焉, 之其所哀矜而辟焉, 之其所敖惰而辟焉. 故好而知其惡, 惡而知其美者, 天下鮮矣. 故諺有之曰, "人莫知其子之惡, 莫知其苗之碩." 此謂身不修不可以齊其家.

所謂治國必先齊其家者, 其家不可敎而能敎人者無之. 故君子不出家而成敎於國. 孝者, 所以事君也. 弟者, 所以事長也. 慈者, 所以使衆也.

康誥曰, "如保赤子." 心誠求之, 雖不中不遠矣. 未有學養子而後嫁者也.

一家仁, 一國興仁. 一家讓, 一國興讓. 一人貪戾, 一國作亂. 其機如此. 此謂一言僨事, 一人定國.

堯舜率天下以仁而民從之. 桀紂率天下以暴而民從之. 其所令反其所好而民不從. 是故君子有諸己而后求諸人, 無諸己而后非諸人. 所藏乎身不恕, 而能喩諸人者未之有也. 故治國在齊其家.

詩云, "桃之夭夭, 其葉蓁蓁. 之子于歸, 宜其家人." 宜其家人, 而后可以敎國人.

詩云, "宜兄宜弟." 宜兄宜弟而后可以敎國人. 詩云, "其儀不忒, 正是四國." 其爲父子兄弟兄法, 而后民法之也. 此謂治國在齊其家.

所謂平天下在治其國者, 上老老而民興孝, 上長長而民興弟, 上恤孤而民不倍. 是以君子有絜矩之道也.

所惡於上, 毋以使下. 所惡於下, 毋以事上. 所惡於前, 毋以先後. 所惡於後, 毋以從前. 所惡於右, 毋以交於左. 所惡於左, 毋以交於右. 此之謂絜矩之道.

詩云, "樂只君子, 民之父母." 民之所好好之, 民之所惡惡之, 此之謂民之父母.

詩云, "節彼南山, 維石巖巖. 赫赫師尹, 民具爾瞻." 有國者, 不可以不愼. 辟則爲天下僇矣.

詩云, "殷之未喪師, 克配上帝. 儀監于殷, 峻命不易." 道得衆則得國, 失衆則失國.

是故君子先愼乎德. 有德此有人, 有人此有土, 有土此有財, 有財此有用.

德者本也, 財者末也. 外本內末爭民施奪. 是故財聚則民散, 財散則民聚, 是故言悖而出者亦悖而入. 貨悖而入者亦悖而出.

康誥曰, "惟命不于常." 道善則得之, 不善則失之矣. 楚書曰, "楚國無以爲寶, 惟善以爲寶." 舅犯曰, "亡人無以爲寶, 仁親以爲寶."

秦誓曰, "若有一个臣, 斷斷兮, 無他技, 其心休休焉, 其如有容焉. 人之有技, 若己有之. 人之彥聖, 其心好之, 不啻若自其口出. 寔能容之, 以能保我子孫黎民. 尙亦有利哉! 人之有技, 媢嫉以惡之. 人之彥聖, 而違之俾不通. 寔不能容, 以不能保我子孫黎民. 亦曰殆哉!" 唯仁人放流之, 迸諸四夷, 不與同中國.

此謂唯仁人爲能愛人, 能惡人. 見賢而不能擧, 擧而不能先, 命也. 見不善而不能退, 退而不能遠, 過也. 好人之所惡, 惡人之所好, 是謂拂人之性, 菑必逮夫身. 是故君子有大道, 必忠信以得之, 驕泰以失之.

生財有大道, 生之者衆, 食之者寡, 爲之者疾, 用之者舒, 則財恆足矣.

仁者以財發身, 不仁者以身發財.

未有上好仁而下不好義者也, 未有好義其事不終者也. 未有府庫財非其財者也.

孟獻子曰, "畜馬乘不察於雞豚, 伐冰之家不畜牛羊, 百乘之家不畜聚斂之臣. 與其有聚斂之臣寧有盜臣." 此謂國不以利爲利, 以義爲利也.

長國家而務財用者, 必自小人矣. 彼爲善之, 小人之使爲國家, 菑害並至. 雖有善者, 亦無如之何矣. 此謂國不以利爲利, 以義爲利也.

동무 이제마의 사상적 사유체계와 『대학』*)

-『격치고』를 중심으로 -

■ 국문초록

본 논문은 동무 이제마(1837~1900)의 사상적 사유체계와 『대학』의 팔조목(八條目)과의 관계를 그의 철학서인 『격치고』를 중심으로 고찰하였다.

『격치고』의 책 이름 자체가 『대학』의 '격물치지'(格物致知)에서 따온 것이며, 「유략」편 첫 번째 소제목인 '사물'도 『대학』 경1장의 '물(物)과 사(事)'에 근거하는 등 『격치고』 전편이 『대학』의 팔조목과 직접적 관계를 맺고 있다.

이에 이제마의 사상적 사유체계의 핵심인 사·심·신·물 사상(四象)과 인간 본성인 인·의·예·지 사덕(四德) 그리고 군자·소인지도를 중심으로 『대학』의 팔조목과의 관계를 고찰하였다.

먼저 사·심·신·물 사상에서는 사(事)와 치국평천하(治國平天下), 심(心)과 격물치지(格物致知), 신(身)과 성의정심(誠意正心), 물(物)과 수신제가(修身齊家)를 각각 결부시키고, 또 사(事)와 성의(誠意), 심(心)과 정심(正心), 신(身)과 수신(修身), 물(物)과 제가(齊家)를 각각 결부시켜, 자신의 사상적 사유체계에서 『대학』의 팔조목을 논하고 있다.

또 인간 본성인 인·의·예·지 사덕에서는 인(仁)과 수신제가(修身齊家), 의(義)과 성의정심(誠意正心), 예(禮)과 격물치지(格物致知), 지(智)와 치국평천하(治國平天下)를 각각 결부시키고, 『대학』의 사단론을 근거로 사상인(四象人)의 마음작용을 설명하고 있다.

마지막으로 이제마가 군자·소인지도를 논급함에 있어서도 팔조목을 근거로 그것을 잘 실천하는 존재가 군자라며, 팔조목과 반대되는 마음과 행위를 하는 존재가 소인(小人)임을 밝히고 있다.

한편 사상철학(四象哲學)은 한마디로 요약하면 선진유학의 성인지도(聖人之道)에 근거를 둔 군자지학(君子之學)인데, 그는 선진유학의 철학적 원리를 근거로 실증적인 학문인 의학에 적용하여 사상의학을 창안한 것이다. 따라서 사상철학의 본래면목을 밝히기 위해서는 선진유학의 입장에서 그의 철학을 집약하고 있는 『격치고』에 대한 연구가 이루어져야 할 것이다.

■ 주제어

동무 이제마, 『격치고』, 『대학』, 팔조목, 사·심·신·물, 인·의·예·지.

*) 본 논문은 2014년 성균관대학교 대동문화연구원에서 발간한 『대동문화연구』 제81집에 게재된 것을 수정·보완한 것이다.

Ⅰ. 시작하는 말

동무(東武) 이제마(李濟馬, 1837~1900)는 사상의학을 창안한 한의학자로 널리 알려져 있지만, 『격치고』, 『동의수세보원』, 『동무유고』 등을 저술하여 유학의 진리를 밝힌 조선의 마지막 유학자[1]로 칭송받고 있다.

그의 철학사상을 온전히 담고 있는 『격치고』는 모두 3권으로 구성되어 있는데, 제1권 「유략(儒略)」은 '사물(事物)' 등 12개 소제목을 통해 사 · 심 · 신 · 물(事心身物)의 사상을 구체적으로 논하고 있으며, 제2권 「반성잠(反誠箴)」은 『주역』의 팔괘(八卦)를 편명으로 하여 '왕 · 래 · 임 · 립'(往來臨立)을 중심으로 논하고, 제3권 「독행편」은 지인론(知人論)으로 사단지심(四端之心)과 비 · 박 · 탐 · 나(鄙薄貪懦)의 마음에 대하여 밝히고 있다.[2]

이제마는 철두철미하게 선진유학을 집대성한 공맹지도(孔孟之道)에 그의 학문적 연원을 두고 있으며,[3] 아울러 한대(漢代)이래

---

1) 李能和, 『朝鮮佛教通史』, 高麗末世儒風始起, "溯考朝鮮一代, 若論儒之有保守之性者, 李退溪先生是也. 儒之有經世之學者, 柳磻溪, 李星湖, 丁茶山三先生是也. 儒之能自創己見者, 則韓芸翁先生是也. 儒之能發明眞理者, 李東武先生是也."

2) 전국 한의과대학 사상의학교실 엮음, 『개정증보 四象醫學』, 집문당, 2004, 46~50면 참조. 박대식 역주, 『사상의학의 인간학 格致藁』, 청계출판사, 2000, 33~40면 참조.

3) 허훈, 「동무 이제마의 先秦儒學 정신」, 『공자학』, 14, 한국공자학회, 2007, 90면.

내려온 제자지학(諸子之學)과 불교를 비판함은 물론이고,[4] 그 당시 지배적인 사상의 흐름인 성리학적 사유체계를 계승하면서 보다 독창적인 견해를 제시하고 있다.[5]

이제마가 자신의 학문 세계에 『주역』 뿐만 아니라 사서를 중심으로 경전의 구절과 개념을 끌어들이고 있지만, 경전의 해석을 위한 시도에 머무르지 않고 인용한 경전 구절들을 자신의 사상적 사유체계로 조명하여 새로운 의미를 부여하면서 사상철학의 세계를 완성시킨 것이다.[6]

그는 선진유학이 추구하는 왕도정치의 이상이 무너져가는 현실을 직시하고, 『대학』을 비롯한 선진유학 경전을 재해석하여 사람들이 '반성(反誠)'과 '신독(愼獨)'의 자기 수양을 통해 인의예지의 본성을 회복하여 성명(性命)을 바르게 세우는 길을 밝히고자 하였다.

『격치고』의 책 이름 자체가 『대학』의 '격물치지(格物致知)'에서 따온 것이며,[7] 「유락」편 첫 번째 소제목인 '사물(事物)'도 『대학』

4) 이제마는 『格致藁』의 「反誠箴」 兌箴 下截을 비롯하여, '「儒略」 天時篇' 그리고 『東醫壽世保元』 四端論에서 구체적인 내용을 통해 諸子之學과 佛教를 비판하고 있다.
5) 林炳學, 「『格致藁』에 나타난 이제마의 易學的 사유체계-학문연원과 四象의 역학적 의미를 중심으로-」. 『퇴계학보』, 132, (사)퇴계학연구원, 2012, 187면.
6) 금장태, 「동무 이제마의 사상」, 『철학과 현실』, 14, 철학문화연구소, 1992, 202면.
7) 『格致藁』, 序文, "格物致知라 하면서 어지러운 원고를 가지고 말하게 된 것은"("格致而以亂藁, 爲言者.").

의 '물(物)'과 '사(事)'[8]에 근거하는 등 『격치고』 전편이 『대학』의 팔조목과 직접적 관계를 맺고 있다. 또 『격치고』 제3권 「독행편」의 마지막을 '홀로 있을 때 삼가라는 신기독(愼其獨)[9]으로 끝맺고 있어서, 『대학』을 중요시하고 있다.

『격치고』에서는 "「반성잠」 소제목의 뜻은 『주역』 팔괘의 상에 의거하여 본뜬 것이나 건잠(乾箴)과 태잠(兌箴)은 『중용』의 도(道)를 존숭한 것이며, 곤잠(坤箴)과 간잠(艮箴)은 『대학』의 덕을 흠숭한 것이니"[10]라 하고, "『중용』의 도를 큰 하늘 아래에서 행하니 건괘(乾卦)·태괘(兌卦)의 부위는 위에서 형성되는 것이고, 『대학』의 덕을 큰 땅 위에서 행하니 곤괘(坤卦) · 간괘(艮卦)의 부위는 아래에서 형성되는 것이다."[11]라고 하여, 『대학』과 『중용』을 직접 언급하고 있다.

그리고 이제마의 '사상의학'이 한의학의 독창성을 담보해주는 의학체계로 그 위상을 가지고 있듯이, 그의 사상적 사유체계에 근거한 철학도 한국철학사 속에 올바른 위상을 찾기 위해서 선진

---

8) 『大學』, 經1章, "物有本末, 事有終始"

9) 『格致藁』, 「獨行篇」, "君子 獨不爲也, 然則君子之所以大過人者, 顧不在於愼其獨而 人之所不見乎. 惟君子不愧于屋漏, 衆人則其然豈其然乎."

10) 『格致藁』, 「反誠箴」, "此箴名義 依倣易象, 而乾兌箴 尊道中庸, 坤艮箴 欽德大學, 離震箴 取則柳下惠, 坎巽箴 取則伯夷."

11) 『格致藁』, 「反誠箴」, 巽箴, "一身立誠於昊天之下 而中庸之道 行於昊天之下 乾兌部位 所以形於上也. 萬物同胞於大地之上 而大學之德 行於大地之上 坤艮部位 所以形於下也."

유학 경전과의 관계를 밝혀야 할 것이다.

이에 본 고에서는 『격치고』를 중심으로 이제마의 사상적 사유체계와 『대학』의 관계를 밝히기 위해 먼저 제Ⅱ장에서는 '사 · 심 · 신 · 물'의 사상과 『대학』 팔조목의 관계를 고찰하고, 제Ⅲ장에서는 인 · 의 · 예 · 지 사덕과 팔조목·사심론을, 제Ⅳ장에서는 군자 · 소인지도와 팔조목을 고찰해보자 한다.

Ⅱ. 사 · 심 · 신 · 물 사상(四象)과 『대학』의 팔조목

이제마는 「반성잠」에서 사상철학의 가장 핵심적 개념인 사상(四象)에 대하여, "『주역』에서 말씀하시기를 '역(易)에는 태극이 있으니, 태극이 양의(兩儀)를 낳고, 양의는 사상을 낳고, 사상은 팔괘를 낳고, 팔괘는 길흉을 정하고, 길흉이 대업을 낳는다.'라고 하였으니, 태극은 마음이고, 양의는 마음과 몸이고, 사상은 사 · 심 · 신 · 물이다. 팔괘에서 사(事)에는 사의 마침과 시작이 있고, 물(物)에는 물의 근본과 끝이 있고, 심(心)에는 심의 느슨함과 급함이 있고, 신(身)에는 신의 선과 후가 있다."[12]라고 하여, 『주역』

12) 『格致藁』, 「反誠箴」, 巽箴, "易曰易有太極 是生兩儀 兩儀 生四象 四象 生八卦 八卦 定吉凶 吉凶 生大業 太極 心也, 兩儀 心身也, 四象 事心身物也, 八卦 事有事之終始, 物有物之本末, 心有心之緩急, 身有身之先後."

「계사상」 제11장의 '역유태극(易有太極)' 절[13]을 통해 자신의 사상적 사유의 근거를 밝히면서, 사상을 '사 · 심 · 신 · 물'로 규정하고 있다. 그는 세계와 인간에 대한 철학과 의학이론을 새롭게 정립하고자, 『주역』의 사상원리를 바탕으로 자신의 사상적 사유를 전개한 것이다.[14]

『격치고』에서 사 · 심 · 신 · 물 사상은 사상철학의 가장 핵심적인 개념인데, 이는 『대학』에 근거를 둔 것이다. 『대학』 제1장에서는 다음과 같이 밝히고 있다.

> "물(物)에는 본(本)과 말(末)이 있고 사(事)에는 종(終)과 시(始)가 있으니, 그 선후하는 바를 알면 진리에 가까운 것이다."[15]

즉, 대인지도를 본(本)과 말(末)이 있는 현상적 입장에서는 물(物)로, 종(終)과 시(始)가 있는 근원적 입장의 사(事)로 표상됨을 밝힌 『대학』에 직접적으로 근거하고 있다. 이을호는 "『대학』의 경문을 통해 사상설적(四象說的) 전이는 『대학』에만 국한되지 않고, 공자

---

13) 『周易』, 「繫辭上」, 제11장, "是故 易有太極, 是生兩儀, 兩儀生四象, 四象 生八卦, 八卦 定吉凶, 吉凶 生大業"

14) 金滿山, 「『주역』의 관점에서 본 四象醫學原理(1) - 「性命論」에 관하여-」, 『동서철학연구』 제18집, 한국동서철학회, 1999, 26쪽.

15) 『大學』, 經1章, "物有本末, 事有終始, 知所先後, 則近道矣."

의 군자 · 소인론과 맹자의 사단설과도 깊숙이 관련을 맺어 가면서 독자적이요, 창의적인 동무학으로의 확산이 이룩되고 있음을 엿보게 된다."[16]라고 하여, 사상철학에서 『대학』의 중요성을 강조하고 있다.

『대학』을 비롯한 선진유학에서 사(事)와 물(物)은 인간의 사유에 의해서 규정된 논리적 형식이나 단순히 사물의 존재 양상이 아니라, 만물의 존재 방식이자 진리를 표상하는 범주로 밝힌 것이다.

다음으로 『대학』에서는 심(心)과 신(身)에 대해 다음과 같이 밝히고 있다.

> "그 몸을 닦고자 하는 사람은 먼저 그 마음을 바르게 하고, 그 마음을 바르게 하고자 하는 사람은 그 뜻을 정성스럽게 하고, 그 뜻을 정성스럽게 하고자 하는 사람은 먼저 그 지(知)에 이르러야 하고, 그 지에 이르고자 하는 사람은 그 물(物)을 바르게 해야 한다."[17]

수신(修身)과 정심(正心)을 통해 『격치고』의 사 · 심 · 신 · 물에서 심(心) · 신(身)을 찾을 수 있다. 따라서 『격치고』의 사 · 심 · 신 · 물

---

16) 李乙浩, 『한국개신유학사시론』, 박영사, 1985, 368쪽.

17) 『大學』, 經1章, "欲修其身者, 先正其心, 欲正其心者, 先誠其意, 欲誠其意者, 先致其知, 致知, 在格物."

은 『대학』을 통해 드러나게 된다. 사·심·신·물에서 사(事)와 물(物)은 『대학』 1장에서 논한 사유종시(事有終始)와 물유본말(物有本末)에 근거한 것이고, 심(心)과 신(身)은 팔조목 가운데 정심과 수신에 연원하고 있음을 확인할 수 있다.

또 사 · 심 · 신 · 물에서 사와 물은 종시(終始)와 본말(本末)로 표현되는 시간과 공간의 의미를 가지고 있다면, 심(心)과 신(身)도 시간과 공간의 의미로 해석할 수 있다. 즉, 사람은 시간과 공간의 인식 안에 머물지 않고, 그것의 본래적 의의를 자각하여 표상할 수 있기때문에 자신의 존재 구조인 몸과 마음도 시간과 공간으로 이해하게 되는 것이다.

『격치고』 제1권 「유략」에서는 사 · 심 · 신 · 물을 다음과 같이 논하고 있다.

> "마음은 사(事)에 반응하는 것이니 넓고 두루하며, 사는 마음에 모이는 것이니 살피고 받들며, 몸은 물(物)을 행하는 것이니 세워서 공경하며, 물은 몸을 따르는 것이니 실어서 본받는다."[18]

---

18) 『格致藁』, 「儒略」, 事物, "心應事也, 博而周也, 事湊心也 察而恭也, 身行物也 立而敬也, 物隨身也 載而效也."

즉, 물(物)과 사(事)는 본체적 입장이 되고, 몸과 마음은 작용의 입장이 됨으로 심과 사, 신과 물이 체용(體用)의 관계임을 알 수 있다. 따라서 사 · 심 · 신 · 물은 사상을 의미하는데, 사(事)와 물(物), 심(心)과 신(身)을 나누면, 사(事)와 물(物)은 존재의 표상 범주를 의미하고, 심(心)과 신(身)은 인간 존재를 규정하는 것이다. 또 사(事)와 심(心)은 근원적 뜻을 위주로 하는 체용의 관계라면, 물(物)과 신(身)은 현상적 작용을 위주로 하는 체용 관계임을 알 수 있다.

또 「유략」에서는 사·심·신·물을 다음과 같이 논하고 있다.

> "만사(萬事)는 크고, 일심(一心)은 작고, 일신(一身)은 가깝고, 만물(萬物)은 멀다. 치국(治國) · 평천하(平天下)는 크고, 격물(格物) · 치지(致知)는 작고, 성의(誠意) · 정심(正心)은 가깝고, 수신(修身) · 제가(齊家)는 멀다."[19]

즉, 사 · 심 · 신 · 물과 『대학』의 팔조목을 서로 대응시키고 있다. 사(事)는 치국·평천하에, 심(心)은 격물·치지에, 신(身)은 성의 · 정심에, 물(物)은 수신·제가에 각각 결부시키고 있다.

여기서 '크고(大)'는 물리적 크다는 것이 아니라. 세상의 대업을

19) 『格致藁』, 「儒略」, 事物, "萬事大也, 一心小也, 一身近也, 萬物遠也. 治平大也, 格致小也, 誠正近也, 修齊遠也."

실천하는 문제인 수신 · 제가와 치국 · 평천하를 말하고, '작고(小)'는 인간 내면적 자각의 문제인 격물 · 치지와 성의·정심으로, 대(大) · 소(小)와 원(遠) · 근(近)의 입장에서 팔조목을 설명하고 있다.

또한 사 · 심 · 신 · 물과 팔조목의 관계를 다음과 같이 논하고 있다.

> "치국(治國)·평천하(平天下)의 정성으로 배우면 얻을 것이니, …….. 수신(修身) · 제가(齊家)의 근면으로 분별하면 얻을 것이니, …….. 격물(格物) · 치지(致知)의 지혜로 물으면 얻을 것이니, …….. 성의(誠意) · 정심(正心)의 재능으로 생각하면 얻을 것이니"[20]

즉, 사 · 심 · 신 · 물과 정성(誠) · 지혜(慧) · 재능(能) · 근면(勤)의 관계에서 성(誠)은 사(事)에, 혜(慧)는 心에, 능(能)은 신(身)에, 근(勤)은 물(物)에 각각 결부되기 때문에[21] 치국 · 평천하의 성은 사에, 수신 · 제가의 근은 물에, 격물 · 치지의 혜는 심에, 성의 · 정심의

---

20) 『格致藁』, 「儒略」, 事物, "以其治國平天下之誠爲學所得之也, ……., 以其修身齊家之勤爲辨所得之也, ……. , 以其格物致知之慧爲問所得之也, ……., 以其誠意正心之能爲思所得之也."

21) 『格致藁』, 「儒略」, 事物, "一物止也, 一身行也, 一心覺也, 一事決也. 勤以止也, 能以行也, 慧以覺也, 誠以決也."

능은 신에 각각 결부되는 것이다.

한편 「유략」 천시장(天時章)에서는 사 · 심 · 신 · 물과 팔조목을 다음과 같이 논하고 있다.

> "치지하고 성의하면 뜻을 정성스럽게 하여 본성에 능할 수 있고, 격물하고 정심하면 마음을 바르게 하여 물에 능할 수 있고, 천하를 믿고 수신하면 몸을 닦아 천하에 능할 수 있고, 나라에 충성하고 제가하면 가정을 가지런히 하여 나라에 능할 수 있다."[22]

성의·정심·수신·제가를 바로 하면, 본성(本性)·물(物)·천하(天下)·국(國)을 능히 다스릴 수 있다는 것이다. 그러면서 이제마는 '본성에 능한 것은 하늘을 알아서 섬기는 것이고, 사물에 능한 것은 사람을 알아서 다스리는 것이고, 세상에 능한 것은 설 자리를 알아서 서는 것이고, 나라에 능한 것은 욕망을 알아서 편안히 하는 것이다'[23] 하여, 지천(知天)과 지인(知人), 그리고 지입(知立)과 지욕(知欲)이 본성(本性)과 물(物) 그리고 세상과 나라를 능히 다스릴 수 있

22) 『格致藁』, 「儒略」, 天時, "致知誠意, 意誠能性, 格物正心, 心正能物, 信天下修身, 身修能天下, 忠國齊家, 家齊能國."

23) 『格致藁』, 「儒略」, 天時, "何謂能性 知天事天, 何謂能物 知人治人, 何謂能天下 知立能立, 何謂能國 知欲安欲."

다고 하였다.

위 인용문에서는 팔조목에서 성의 · 정심 · 수신 · 제가 네 가지만을 설명하고 있는데, 「유략」 천시장(天時章)에서는 이어서 다음과 같이 논하고 있다.

> "치지와 성의에서는 실재로 뜻을 정성스럽게 하는 것이 어렵고, 격물과 정심에서는 실재로 마음을 바르게 하는 것이 어렵고, 세상을 믿음과 수신에서는 실재로 몸을 닦는 것이 어렵고, 나라에 충성함과 제가에서는 실재로 가정을 가지런히 하는 것이 어려운 것이다."[24]

즉, 성의 · 정심 · 수신 · 제가가 격물·치지 · 치국 · 평천하보다 이루기 어렵다고 하여, 이 네 조목을 중심으로 설명하고 있다.

이제마가 성의 · 정심 · 수신 · 제가로 논한 것을 사 · 심 · 신 · 물과의 관계에서 보면, 수신과 제가는 물(物)에, 성의와 정심은 신(身)에 결부되기 때문에 현상적 이치를 위주로 하고 있다. 즉, 이는 실존하고 있는 인간과 직접 관계된 것을 논하기 위한 것이라 이해된다.

---

24) 『格致藁』, 「儒略」, 天時, "致知誠意 意誠實難, 格物正心 心正實難, 信天下修身 身修實難, 忠國齊家 家齊實難."

또한 「유략」 유세감(遊世箴)[25]을 비롯하여, 여러곳에서 성의 · 정심 · 수신 · 제가를 밝히고 있는데, 사 · 심 · 신 · 물과의 연계는 순서대로 사(事)와 성의, 심(心)과 정심, 신(身)과 수신, 물(物)과 제가를 각각 결부시키고 있다.

그런데 '천시(天時)'에서는 "그 뜻을 정성스럽게 하지 않으면 다른 사람의 뜻을 다할 수 없고, 그 마음을 바르게 하지 않으면 다른 사람의 생각을 다 할 수 없고, 그 몸을 닦지 않으면 다른 사람의 마음을 다 할 수 없고, 그 힘을 하나로 하지 않으면 다른 사람의 뜻을 다 할 수 없다."[26]라고 하여, 물사단(物四端)[27]인 意(의) · 려(慮) · 담(膽) · 지(志)를 통해 성의 · 정심 · 수신 · 제가를 결부시키면서 제가를 '일력(一力)'으로 대체하여 언급하여,[28] 『대학』의 해석에 또 다른 시도를 하고 있다.

---

25) 『格致藁』, 「儒略」, 遊世箴, "意若不誠, 浪乞他席, 心若部正, 虛艶他襟, 身若不修, 空羨他會, 家若部齊, 苟利他所."

26) 『格致藁』, 「儒略」, 天時, "不誠其意 莫盡人意, 不正其心 莫盡人慮, 不修其身 莫盡人膽, 不一其力 莫盡人志."

27) 이제마는 「儒略」에서 "貌言視聽 事四端也, 辨思問學 心四端也, 屈放收伸 身四端也, 志膽慮意 物四端也."라고 하여, 事心身物의 四象을 각각을 나누어 事四端, 心四端, 身四端, 物四端으로 논급하고 있다.

28) 또한 '天時'에서는 "本性을 아는 데 이르지 못하면 誠意하기가 어렵고, 物에 밝지 않으면 正心하기가 어렵고, 天下에 서지 않으면 修身하기가 어렵고, 나라를 경영하는데 통하지 않으면 힘을 하나로 하기가 힘들다."("不致知性 難爲誠意, 不明萬物 難爲正心, 不立天下 難爲修身, 不通經國 難爲一力.")라고 하여, 本性 · 物 · 天下 · 國을 통해 誠意 · 正心 · 修身 · 一力을 할 수 있다고 하였다.

이제마는 성의 · 정심 · 수신 · 제가의 사상적 구조를 중심으로 논급하면서 '유세잠(遊世箴)'에서는 '가정이 만약 돌이켜 힘이 있다면 장소의 넓고 좁음을 점칠 수 있다'[29]이라 하여, '가(家)'와 '력(力)'을 서로 연결시키고 있으며, 또 "힘이 나라 가운데서 편안하나 나라를 알아야 힘을 편안하게 할 수 있다.[30]라고 하여, '력(力)'이 치국과 평천하를 포괄하는 개념임을 알 수 있다. '제가'를 '일력(一力)'으로 대체한 것은 바로 제가를 확장시켜 치국 · 평천하를 모두 하나의 힘으로 모은다는 의미를 담고 있는 것으로 해석할 수 있다.

또 「반성잠」 '진잠(震箴)'에서는 '일력(一力)'을 '력지(力至)'로 대체하여 성의 · 정심 · 수신 · 력지의 사상적 구조로 언급하면서,[31] 의성(意誠)의 의(意) · 심정(心正)의 심(心) · 신수(身修)의 신(身) · 력지(力至)의 력(力)과 의불성(意不誠)의 의(意) · 심불정(心不正)의 심(心) ·

---

29) 『格致藁』, 「儒略」, 遊世箴, "意若反眞 斟席冷煖, 心若反明 燭襟虛實, 身若反才 認會高低, 家若反力 占所闊狹."

30) 『格致藁』, 「儒略」, 天時, "意安性中 知性安意, 心安物中 知物安心, 身安天下 知天下安身, 力安國中 知國安力."

31) 『格致藁』, 「反誠箴」, 震箴, "籌策, 彌滿於六合, 而言語, 平正於一席者, 意誠之言語也. 雄武, 通融於大衆, 而蘊抱, 敦篤於一襟者, 心正之蘊抱也. 儀範, 包涵於億兆, 而容止, 整齊於一堂者, 身修之容止也. 材力, 周足於全境, 而勤勞, 眞的乎一所者, 力至之勤勞也."

신불수(身不修)의 신(身)·력불지(力不至)의 력(力)을 구분하여 논급하고 있다.[32]

한편 『대학』의 팔조목을 인용하면서 다양한 입장에서 자신의 철학을 전개하고 있는데, "그 홀로 있을 때 삼감이 치우치면 자신을 지키기가 어렵고, 사물의 상태를 살피는 것이 치우치면 물건을 접하기가 어려우니, 격물하고 홀로 삼가야 거의 근심이 없으며, 홀로 삼가고 격물하여야 거의 위태롭지 않다."[33]라고 하여, 격물하고 심독하는 『대학』의 도를 밝히고 있다.

이상에서 고찰한 내용을 도표로 정리하면 다음과 같다.

사상	사(事)	심(心)	신(身)	물(物)
팔조목(八條目)	치국·평천하	격물·치지	성의·정심	수신·제가
	성의	정심	수신	제가
물사단(物四端)	의(意)	려(慮)	담(膽)	지(志)
마음 작용	정성(誠)	지혜(慧)	재능(能)	근면(勤)

32) 『格致藁』, 「反誠箴」, 震箴, "意誠之意, 急於自知而未暇悅愚, 意不誠之意, 急於悅愚而未暇自知. 心正之心, 急於自勇而未暇悅怯, 心不正之心, 急於悅怯而未暇自勇. 身修之身, 急於自淸而未暇悅濁, 身不修之身, 急於悅濁而未暇自淸. 力至之力, 急於自優而未暇悅劣, 力不至之力, 急於悅劣而未暇自優."

33) 『格致藁』, 「儒略」, 天下索我, "偏愼其獨 難爲守獨, 偏察物情 難爲接物, 格物愼獨 庶幾不罔, 愼獨格物 庶幾不殆."

Ⅲ. 인 · 의 · 예 · 지 사덕과 팔조목 · 사심론

이제마는 인 · 의 · 예 · 지(仁義禮智) 사덕을 인간의 가장 중요한 보배라 하여[34] 그 중요성을 강조하면서, 사덕에 대하여 "인의예지는 성인의 본성이고"[35]라 하고, "주공과 공자는 인의예지의 윗 성인이고, 이윤과 태공은 영웅호걸(英雄豪傑)의 버금 성인이다."[36] 라고 하여, 인의예지가 성인의 본성이라 논급하고 있다.

'관인(觀仁)'에서는 "인(仁)을 깨우침은 무엇인가 본받음을 깨우치는 것이고, 지(智)를 깨우침은 무엇인가 두루 미침을 깨우치는 것이고, 예(禮)를 깨우침은 무엇인가 섬김을 깨우치는 것이고, 의(義)를 깨우침은 무엇인가 공경을 깨우치는 것이다."[37]라고 하여, 본받음(效) · 두루함(周) · 섬김(恭) · 공경(敬)을 깨우치는 것이 인의예지를 자각하는 것이라고 하였다.

또 '사물(事物)'에서는 인간 본성인 인 · 의 · 예 · 지 사덕과 그것이 드러나는 마음 작용을 정성(誠) · 근면(勤) · 지혜(慧)·재능(能)으

34) 『格致藁』, 「儒略」, 事物, "古之聖人, 言必稱仁義禮智者, 誠以一身重寶, 不可失也."
35) 『格致藁』, 「儒略」, 天勢, "仁義禮智 聖之性也."
36) 『格致藁』, 「儒略」, 天勢, "周公孔子 仁義禮智之上聖也, 伊尹太公 英雄豪傑之次聖也."
37) 『格致藁』, 「儒略」, 觀仁, "觀仁何也 觀效也, 觀智何也 觀周也, 觀禮何也 觀恭也, 觀義何也 觀敬也."

로 논급하여[38] 자신의 사상적 사유체계를 전개하고 있다.

먼저 제1권「유략」에서는 인의예지와 팔조목을 다음과 같이 논하고 있다.

> "사사로움이 최고로 재앙을 잘 지으니 치국 · 평천하를 널리 배우면 재앙이 없고, 욕망이 최고로 재앙을 잘 지으니 수신 · 제가를 밝게 분별하면 재앙이 없고, 방종이 최고로 재앙을 잘 지으니 격물 · 치지를 살피어 물으면 재앙이 없고, 안일이 최고로 재앙을 잘 지으니 성의 · 정심을 삼가 생각하면 재앙이 없다."[39]

'사물(事物)'에서는 사(私)와 사(事) · 욕(欲)과 물(物) · 방(放)과 심(心) · 일(逸)과 신(身)을 결부시키고,[40] 또 사 · 심 · 신 · 물과 인의예지의 관계는 물(物)과 인(仁) · 신(身)과 의(義) · 심(心)과 예(禮)·사(事)

38)『格致藁』,「儒略」, 事物, "斥嗇而反誠則 智無偏矣, 却詐而趨勤則 仁無倚矣, 戒侈而治慧則 禮無過矣, 警懶而習能則 義無不及矣."

39)『格致藁』,「儒略」, 事物, "是故 私最是善作孼也 博學治平則莫之孼也, 慾最是善作孼也 明辨修齊則莫之孼也, 放最是善作孼也 審問格致則莫之孼也, 逸最是善作孼也 愼思誠正則莫之孼也"

40)『格致藁』,「儒略」, 事物, "是知 物私非不善也, 事私斯不善也, 事欲非不善也, 物欲斯不善也, 身放非不善也, 心放斯不善也, 心逸非不善也, 身逸斯不善也"

와 지(智)가 각각 결부되기 때문에,[41] 치국·평천하는 사(事)에 해당하는 사덕인 지(智)에, 수신 · 제가는 물(物)에 해당하는 사덕인 인(仁)에, 격물 · 치지는 심(心)에 해당하는 사덕인 예(禮)에, 성의 · 정심은 신(身)에 해당하는 사덕인 의와 결부됨을 알 수 있다.

또한 팔조목 가운데 '성의 · 정심 · 수신 · 제가'를 중심으로 "지(智)가 마음에 있어야 이것을 뜻이 정성스럽다고 이르니 뜻이 만약 정성을 얻으면 그 뜻은 고의가 없으며, 예(禮)가 마음에 있어야 이것을 마음이 바르다고 이르니 마음이 만약 바름을 얻으면 그 마음이 기필이 없으며, 의(義)가 마음에 있어야 이것을 몸을 닦는다고 이르니 몸이 만약 닦음을 얻으면 그 몸이 고루함이 없으며, 인(仁)이 마음에 있어야 이것을 가정을 가지런히 한다고 이르니 가정이 만약 가지런함을 얻으면 그 가정은 이기적임이 없다."라고 하여,[42] 지(智)와 성의(誠意) · 예(禮)와 정심(正心) · 의(義)와 수신(修身) · 인(仁)과 제가(齊家)를 결부시키고 있다.

그리고 '천세(天勢)'에서는 "인의예지의 마음은 본성을 이루고

---

41) 『格致藁』, 「儒略」, 事物, "萬物居也, 萬身群也, 萬心聚也, 萬事散也. 仁以居也, 義以群也, 禮以聚也, 智以散也."

42) 『格致藁』, 「儒略」, 天勢, "智在存心是謂意誠 意若得誠其意無意, 禮在存心是謂心正 心若得正其心無必, 義在存心是謂身修 身若得修其身無固, 仁在存心是謂家齊 家若得齊其家無我."
참고로 이 인용문에서 '고의가 없음' · '기필이 없음' · '고루함이 없음' · '이기심이 없음'은 『論語』에서 밝힌 "子 ㅣ 絶四 ㅣ 러시니 *毋意毋必毋固毋我* ㅣ 러시다."(子罕篇)와 그대로 일치하고 있다.

천도를 즐기는 것이고, 영웅호걸의 마음은 격물·치지 · 치국 · 평천하이다."[43]라고 하여, 앞의 인용문에서 언급한 성의 · 정심 · 수신 · 제가를 제외한 격물 · 치지 · 치국 · 평천하를 영웅호걸의 마음이라 하여 팔조목을 모두 언급하고 있다.

한편 『대학』에서는 정심을 해치는 성냄(忿懥) · 두려움(恐懼) · 놂을 좋아함(好樂) · 근심(憂患)[44]의 네 가지 마음을 밝히고 있는데, 이 '사심론(四心論)'을 근거로 이제마는 사상인의 마음에 대하여 논급하고 있다.

이제마는 인 · 의 · 예 · 지 사단과 사심론의 관계를 다음과 같이 논하고 있다.

> "지(智)하지 못하면 도움이 없어서 근심하고, 인(仁)하지 못하면 서지 못하여 두려워하고, 예(禮)가 없으면 괴팍하여 성내고, 의(義)가 없으면 게을러서 노는 것을 좋아한다."[45]

즉, 지(智)는 근심 · 인(仁)은 두려움·예(禮)는 성냄 · 의(義)는 놂을

---

43) 『格致藁』, 「儒略」, 天勢, "仁義禮智之心 成性樂天也, 英雄豪傑之心 格物治平也."
44) 『大學』, 傳之7章, "所謂修身이 在正其心者는 身有所忿懥則不得其正하고 有所恐懼則不得其正하고 有所好樂則不得其正하고 有所憂患則不得其正이니라"
45) 『格致藁』, 「儒略」, 事物, "不智則無助而憂患, 不仁則不立而恐懼, 無禮則格戾而忿懥, 無義則偸惰而好樂, 是可堪乎可哀也已."

좋아함과 각각 결부시키고 있다.

또 「독행편」에서는 "비자(鄙者)는 예를 더불어 할 수 없고, 박(薄者)는 인을 더불어 할 수 없고, 탐자(貪者)는 의를 더불어 할 수 없고, 나자(懦者)는 지를 더불어 할 수 없다."[46]라 하고, 『동의수세보원』에서는 "사람들이 욕심을 쫓아가는 것이 네 가지 같지 않으니, 예를 버리고 방종하는 사람을 이름하여 비인(鄙人)이라 하고, 의를 버리고 게으른 사람을 이름하여 나인(懦人)이라 하고, 지를 버리고 사사로이 꾸미는 자는 이름하여 박인(薄人)이라 하고, 인을 버리고 극욕하는 사람을 이름하여 탐인(貪人)이라 한다."[47]라고 하여, 인·의·예·지를 버리고 살아가는 네 가지 유형의 인간(중인 · 소인)을[48] 비박탐나지인(鄙薄貪懦之人)이라 하였다.[49]

이러한 비박탐나지인에 대하여 「독행편」에서는 "비자(鄙者)의 마음에 항상 성내는 마음이 있는 것은 항상 욕구하는 것을 얻지 못하기 때문이고, 나자(懦者)의 마음에 항상 노는 것을 좋아하는 마음이 있는 것은 항상 욕구하는 것을 얻고자 하기 때문이고, 탐

46) 『格致藁』, 「獨行篇」, "鄙者不可與禮, 薄者不可與仁, 貪者不可與義, 懦者不可與智."

47) 『東醫壽世保元』, 「四端論」, "人趍心慾 有四不同, 棄禮而放縱者 名曰鄙人, 棄義而偸逸者, 名曰懦人, 棄智而飾私者 名曰薄人, 棄仁而極慾者 名曰貪人."

48) 사상의학의 衆人에 대한 이해는 배영순의 「이제마의 인간론 - 衆人의 유형론을 중심으로 -」(『민족문화논총』, 50, 영남대학교 민족문화연구소, 2012.)을 참고바람.

49) 이제마가 『格致藁』와 『東醫壽世保元』에서 仁義禮智 四德과 鄙薄貪懦之人의 배속을 서로 다르게 서술한 의도는 별도의 연구가 필요하다고 생각된다.

자(貪者)의 마음에 항상 두려운 마음이 있는 것은 다른 사람에게 취하는 것이 많으나 항상 계속하여 취하지 못하기 때문이고, 박자(薄者)의 마음에 항상 근심하는 마음이 있는 것은 자기를 아끼는 것이 치밀하지만 항상 부족하기 때문이다."[50]라고 하여, 비박탐나를 사심설에 연계시켜 비인은 성냄·나인은 놂을 좋아함·탐인은 두려움·박인은 근심에 결부시키고 있다.

그런데 「유략」에서는 이익을 즐기는 사람은 도움이 적으니 박인의 마음은 일상적으로 근심하는 심리작용을 하고, 잔인하고 각박한 사람은 반드시 망하니 탐인(완부)의 마음은 일상적으로 두려워하는 심리작용을 하고, 괴팍한 사람은 들어가지 못하니 나인의 마음은 일상적으로 성내는 심리작용을 하고, 게으른 사람은 행위할 수 없으니 비인의 마음은 일상적으로 놂을 좋아하는 심리작용을 한다고 하여,[51] 위 인용문과 다르게 나인과 비인이 서로 바뀌어 있음을 알 수 있다.

또한 팔조목과 사심설의 관계에서도 제가를 '일력(一力)'으로 대체하여, 성의는 근심 · 정심은 성냄 · 수신은 놂을 좋아함 · 일력

50) 『格致藁』, 「獨行篇」, "鄙者之心 恒有忿懥之心者 恒無得所欲之故也, 懦者之心 恒有好樂之心者 恒欲得所欲之故也, 貪者之心 恒有恐懼之心者 取於人者 不爲不多 而恒不繼之故也, 薄者之心 恒有憂患之心者 吝於己者 不爲不密 而恒不足之故也."

51) 『格致藁』, 「儒略」, 事物, "一天之同胞 好德者多助 嗜利者寡助 薄夫之心 常憂患也. 萬物之群居 謹厚者必興 殘刻者必亡 頑夫之心常恐懼也. 四方之會通 周密者能成 格戾者不入 懦夫之心 常忿懥也. 百工之和利 有恥者能任 偸惰者不行, 鄙夫之心 常好樂也.

은 두려움에 각각 결부하여, 그 뜻을 바르게 하면 근심이 없고, 마음을 바르게 하면 성내지 않고, 몸을 닦으면 놂을 좋아하지 않고, 힘을 하나로 하면 두려움이 없다고 하였다.[52]

한편 비박탐나지인이 사심설을 극복하는 방법을 제시하고 있는데, 박인은 정성으로 돌아가서 대중과 함께 구제되어야 근심이 없어지고, 탐인은 근면하여 자신을 바로 세워야 두려움이 없어지고, 비인은 지혜를 넓히어 배우고 가르쳐야 성냄이 없어지고, 나인은 재능을 두루하여 행하고 지키면 놂을 좋아함이 없어지게 된다고 하였다.[53]

이상에서 고찰한 내용을 도표로 정리하면 다음과 같다.

사덕	지	예	의	인
팔조목(八條目)	치국·평천하	격물·치지	성의·정심	수신·제가
	성의	정심	수신	제가
사심설	우환	분치	호락	공구

52) 『格致藁』, 「儒略」, 天下索我, “我意反側 無非憂患, 我心懜昧 無非忿懥, 我身偸惰 無非好樂, 我力拙劣 無非恐懼.”

53) 『格致藁』, 「儒略」, 事物, “不可不反誠然後 與衆同濟而不憂患也, 不可不克勤然後 與物俱立而不恐懼也, 不可不擴慧然後 有學有敎而不忿懥也, 不可不遍能然後 有爲有守而不好樂也.”

Ⅳ. 군자 · 소인지도와 팔조목

『대학』에서는 군자지도의 핵심 내용으로 팔조목을[54] 밝히면서 군자의 행동에 대해서는 '그 홀로 있을 때 삼가라'(愼其獨)[55]를 강조하고 있다.

그리고 군자와 소인에 대하여 "군자는 어짊을 어질게 하고 그 친함을 친히 하며, 소인은 그 놂을 즐기고 그 이익만 이롭게 하니 이것은 세상이 다하도록 잊지 않는 것이다."[56]라고 하여, 군자와 소인을 분명하게 구별하고 있지만, 다른 한편 소인은 한가롭게 거처함에 불선(不善)을 하여 이르지 못하는 곳이 없다가 군자를 본 이후에 그 불선을 가리고 선을 드러내기 때문에[57] 군자로 변화될 수 있는 존재임을 밝히고 있다.

이제마도 군자와 소인은 본성의 순선함은 같으나 마음이 선할 수도 있고 악할 수도 있는 것은 서로 만 가지로 다른 존재이기 때

---

54) 『大學』, 傳之6章, "富潤屋이오 德潤身이라 心廣體胖하나니 故로 君子는 必誠其意니라"
傳之9章, "所謂治國이 必先齊其家者는 其家를 不可教ㅣ오 而能教人者ㅣ 無之하니 故로 君子는 不出家而成教於國하나니"

55) 『大學』, 傳之6章, "君子必愼其獨也ㅣ니라"

56) 『大學』, 傳之3章, "君子는 賢其賢而親其親하고 小人은 樂其樂而利其利하나니 此以沒世不忘也ㅣ니라"

57) 『大學』, 傳之六章, "小人이 閒居에 爲不善호대 無所不至하다가 見君子而后에 厭然揜其不善하고 而著其善하나니"

문이라 하고,[58] 군자는 의에 밝고 소인은 이익에 밝은 존재라고 하였다.[59]

또 군자는 몸을 높고 두터운 데 두어 선을 행하여 두텁게 덕을 밝히고 백성을 새롭게 하며, 소인은 몸을 더러운 데 두어 이익을 행하여 그 이익이 더욱 더러워져 담을 넘고 구멍을 뚫는 행위를 한다고 하여,[60] 군자와 소인은 그 행위가 선을 행하는가 이익을 행하는가에 의해서 갈라진다고 하였다.

『격치고』 여러 곳에서 군자와 소인은 분명하게 구분되는 존재라고 논하지만,[61] 선(善)과 불선(不善)의 문제를 다음과 같이 밝히고 있다.

---

58) 『格致藁』, 「反誠箴」, 兌箴 下截, "性純善也 聖人與君子小人一同也. 心可以善惡也 聖人與君子小人萬殊也."

59) 『格致藁』, 「儒略」, 事物, "勿嗇也, 我喩義者, 斗筲細嗇, 惡能勝人喩利者, 斛量巨嗇哉, 勿侈也, 我喩義者, 斗筲細侈, 惡能勝人喩利者, 斛量巨侈哉, 勿懶也, 我喩義者, 斗筲細懶, 惡能勝人喩利者, 斛量巨懶哉, 勿詐也, 我喩義者, 斗筲細詐, 惡能勝人喩利者, 斛量巨詐哉."
君子와 小人의 구별에 있어서 義와 利의 문제는 『論語』의 "공자께서 말씀하시를 군자는 義에 밝고 소인은 利에 밝다.(君子喩於義, 小人喩於利. 里仁篇)"에 근거하고 있다.

60) 『格致藁』, 「反誠箴」, 離箴 下截, "置身於隆 而以身爲善則其善益隆 而明德新民 無不爲矣. 置身於汚 而以身爲利則其利益汚 而踰墻穿穴 有所爲矣.

61) 『格致藁』, 「反誠箴」, 兌箴 下截, "耳目手足 君子小人 毫釐不差, 心術高低 君子小人 天壤不同, 曲能小技 小人之力 廣奏其效, 詭計詐謀 君子之心 恒所不及."

"인색의 불선(不善)이 홀로 사심에서 나오는 것이 아니라 정성의 선(善)이라 하더라도 또한 사심에서 나오는 것이다. 거짓의 불선이 홀로 욕심에서 나오는 것이 아니라 근면의 선이라 하더라도 또한 욕심에서 나오는 것이다. 사치의 불선이 홀로 방종에서 나오는 것이 아니라 재능의 선이라 하더라도 또한 방종에서 나오는 것이다. 게으름의 불선이 홀로 안일에서 나오는 것이 아니라 지혜의 선이라 하더라도 또한 안일에서 나오는 것이다."[62]

즉, 인색(嗇)과 정성(誠) · 거짓(詐)과 근면(勤) · 사치(侈)와 재능(能) · 게으름(懶)과 지혜(慧)의 불선과 선이 모두 사심(私) · 욕심(欲) · 방종(放) · 안일(逸)에서 나오는 것이라 하였다. 즉, 선과 불선이 하나에서 나온다는 것은 군자와 소인이 근원적으로 하나의 마음에서 기인된다는 것이다.

이러한 이제마의 관점은 『대학』을 비롯하여 선진유학에서 군자는 성인이 밝힌 도를 근거로 자신의 본성으로 주어진 인 · 의 · 예 · 지 사단을 자각하여 실천하는 사명을 가진 존재라면,[63] 소인

---

62) 『格致藁』, 「儒略」, 事物, "不獨嗇之不善, 出於私也, 雖誠之善, 亦出於私也, 不獨詐之不善, 出於欲也, 雖勤之善, 亦出於欲也, 不獨侈之不善, 出於放也, 雖能之善, 亦出於放也, 不獨懶之不善, 出於逸也, 雖慧之善, 亦出於逸也."

63) 『周易』, 重天乾卦, 文言, "君子 行此四德者 故 曰乾元亨利貞"

은 아직 자신의 본성을 자각하지 못한 존재로 주어진 사명을 모르고 살아가는 존재로 구분되지만, 그 본성의 차원에서는 하나라는 것과 같다고 하겠다.

또 '천하색아(天下索我)'에서는 성의와 기만·정심과 거짓말·제가(일력)과 거짓이 모두 자연스러우면 소인지도가 모든 팔조목으로 귀일된다고 하였으며,[64] 한 걸음 더 나아가 소인의 행위인 기만(誑)·속임(詒)·거짓말(譎)·거짓(佯)은 실재에 있어서는 군자지도를 확신시키고 시험하는 것이라고 하였다.[65]

한편 『대학』의 명덕과 신민에 대하여 "알기 쉬운 마음을 아는 것이 명덕이고, 알기 어려운 마음을 아는 것이 신민이다."[66]라 하고, "한 사람의 마음에 군자의 마음이 있고 소인의 마음이 있다. 군자의 마음은 알기 쉽고 소인의 마음은 알기 어려우니, 알기 쉬운 마음이 많고 알기 어려운 마음이 적은 것을 이름 하여 군자라 하고, 알기 어려운 마음이 많고 알기 쉬운 마음이 적은 것을 이름 하여 소인이라 한다."[67]라고 하여, 군자와 소인의 마음을 구분하고 있다.

---

64) 『格致藁』, 「儒略」, 天下索我, "誠誑自然 意在自然, 正詒自然 心在自然, 修譎自然 身在自然, 一佯自然 力在自然."

65) 『格致藁』, 「儒略」, 天下索我, "無怪其誑 誑試汝誠, 無怪其詒 詒試汝正, 無怪其譎 譎試汝修, 無怪其佯 佯試汝一."

66) 『格致藁』, 「反誠箴」, 兌箴 下截, "易知之心 知之則 明德也, 難知之心 知之則 新民也."

67) 『格致藁』, 「反誠箴」, 兌箴 下截, "以一人之心 而有君子之心焉 有小人之心焉, 君子之心 易知, 小人之心 難知. 易知之心 多 而難知之心 少者 名曰君子, 難知之心 多 而易知之心 少者 名曰小人."

이제마는 군자와 소인을 구분하는데 있어서도 팔조목 가운데 중요하게 언급된 성의 · 정심 · 수신 · 력지의 네 가지를 기준으로 하고 있다. 군자는 성의 · 정심 · 수신 · 력지를 실천하여 스스로 지혜와 용기 · 맑음 · 넉넉함에 나아가지만, 소인은 군자와 대응되어 의불성(意不誠) · 심불정(心不正) · 신불수(身不修) · 력불지(力不至)하기 때문에 스스로 어리석음과 비겁·탁함·못남에 빠지게 된다고 하였다.[68]

그러면 팔조목 과 관계된 군자와 소인의 마음과 행동에 대하여 고찰해보자.

먼저 팔조목과 군자에 대하여 "다른 사람의 자리를 좋아하지 말고, 그 뜻을 정성스럽게 하면 성의에 더함이 있다. 다른 사람의 옷깃(품)을 좋아하지 말고, 그 마음을 바르게 하면 정심은 더함이 있다. 다른 사람의 모임을 좋아하지 말고, 그 몸을 닦으면 수신에 얻음이 있다. 다른 사람의 장소를 좋아하지 말고, 그 집을 가지런히 하면 제가에 본받음이 있다."[69]라고 하여, 성의는 자리 · 정심

---

68) 『格致藁』, 「反誠箴」, 震箴, "意識之意 急於自知 而未暇悅愚, 意不誠之意 急於悅愚 而未暇自知. 心正之心 急於自勇 而未暇悅怯, 心不正之心 急於悅怯 而未暇自勇. 身修之身 急於自清 而未暇悅濁, 身不修之身 急於悅濁 而未暇自清. 力至之力 急於自優 而未暇悅劣, 力不至之力 急於悅劣 而未暇自優."

69) 『格致藁』, 「儒略」, 遊世箴, "莫好人席 人席難銜, 心誠其意 誠意有益, 莫好人襟 人襟難耀, 必正其心 正心有利. 莫好人會 人會難寡, 必修記身 修身有得, 莫好人所 人所難囂, 必齊其家 齊家有效."

은 옷깃 · 수신은 모임 · 제가는 장소와 연결하여 겸손한 군자의 행동을 논급하고 있다.

또 다른 사람의 자리를 좋아하면 우환이 있기때문에 그 뜻을 정성스럽게 해야 하고, 다른 사람의 옷깃(품)을 좋아하면 근심이 있기때문에 그 마음을 바르게 해야 하고, 다른 사람의 모임을 좋아하면 허물이 있기때문에 그 몸을 닦아야 하고, 다른 사람의 장소를 좋아하면 허물이 있기 때문에 그 집을 가지런히 해야 한다고 하였다.[70]

'천하색아(天下索我)'에서는 "너의 뜻을 기만하지 마라 다른 사람의 기만을 많이 받더라도 반드시 그 뜻을 정성스럽게 하면 좋은 친구가 있으며, 너의 마음을 속이지 마라 다른 사람의 속임을 많이 받더라도 반드시 그 마음을 바르게 하면 좋은 손님이 있으며, 너의 몸을 속이지 마라 다른 사람의 속임수를 많이 받더라도 반드시 그 몸을 닦으면 좋은 무리가 있으며, 너의 힘을 거짓하지 마라 다른 사람의 거짓을 많이 받더라도 반드시 그 힘을 하나로 하면 좋은 복종하는 자가 있다."[71]라고 하였으니, 군자는 성의 · 정

70) 『格致藁』, 「儒略」, 遊世箴, "莫好人席 人席有患, 必誠其意 誠意無患, 莫好人襟 人襟有憂, 必正其心 正心無憂. 莫好人會 人會有尤, 必修其身 修身無尤, 莫好人所 人所有累, 必齊其家 齊家無累."

71) 『格致藁』, 「儒略」, 天下索我, "莫誑爾意 多受人誑 必誠其意 抑有好友, 莫詒爾心 多受人詒 必正其心 抑有好客, 莫譎爾身 多受人譎 必修其身 抑有好徒, 莫佯爾力 多受人佯 必一其力 抑有好服."

심 · 수신 · 일력해서 기만(誑) · 속임(詒) · 속임수(譎) · 거짓(佯)을 하지 말아야 하는 것이다.

또한 군자는 뜻이 다른 사람을 기만하지 않으니 벗이 기만하지 않는 것이고, 마음이 다른 사람을 속이지 않으니 손님이 속이지 않을 것이고, 몸이 다른 사람을 속이지 않으니 무리가 속이지 않을 것이고, 힘이 다른 사람에게 거짓하지 않으니 복종이 거짓하지 않는다고 하였다.[72)]

한편 팔조목과 소인에 대하여 "뜻이 정성스럽지 않은 사람의 뜻은 지혜를 싫어한다. 뜻이 지혜를 싫어하기 때문에 반드시 어리석은 사람의 자리에게 작은 지혜를 자랑하고 어리석은 사람의 뜻에 합하기를 추구한다. 마음이 바르지 못한 사람의 마음은 용기를 싫어한다. 마음이 용기를 싫어하기 때문에 비겁한 사람의 마음에서 작은 용기를 빛나게 하고 비겁한 사람의 마음에 합하기

---

72) 『格致藁』, 「儒略」, 天下索我, "何謂意誠 意不誑人, 何謂好友 友不以誑. 何謂心正 心不詒人, 何謂好客 客不以詒. 何謂身修 身不譎人, 何謂好徒 徒不我譎. 何謂力一 力不佯人, 何謂好服 服不我佯."
「反誠箴」에서는 "籌策이 六合에 가득차고 言語가 한 자리에 공평하고 바른 것이 意誠의 言語이고, 雄武가 大衆에게 통하여 융화하고 蘊抱가 한 마음에 돈독한 것이 心正의 蘊抱이고, 儀範이 억조에 포함하고 容止가 한 집에서 정제됨이 修身의 容止이고, 材力이 모든 경계에 두로 족하고 勤勞가 한 장소에 진실 됨이 力至의 勤勞이다."(「反誠箴」, 震箴, "籌策 彌滿於六合, 而言語平正於一席者 意誠之言語也. 雄武 通融於大衆, 而蘊抱敦篤於一襟者 心正之蘊抱也. 儀範 包涵於億兆, 而容止整齊於一堂者 身修之容止也. 材力 周足於全境, 而勤勞眞的乎一所者 力至之勤勞也.")라고 하여, 君子가 誠意·正心·修身·力至가 올바로 행할 때의 행동을 언급하고 있다.

를 추구한다. 몸을 닦지 않는 사람의 몸은 깨끗함을 싫어한다. 몸이 깨끗함을 싫어하기 때문에 더러운 사람의 집에서 작은 깨끗함을 팔고 더러운 사람의 몸과 합하기를 추구한다. 힘이 지극하지 않는 사람의 힘은 뛰어남을 싫어한다. 힘이 뛰어남을 싫어하기 때문에 비열한 사람의 장소에서 작은 넉넉함으로 자랑하고 비열한 사람의 함과 합하기를 추구한다."[73]라고 하여, 성의·정심·수신·일력하지 못하는 소인의 마음과 행동을 밝히고 있다.

또 소인은 뜻을 정성스럽게 하지 않아서 다른 사람의 뜻을 정성스럽게 할 수 없을 뿐만 아니라 친구를 만나기 어렵고, 마음을 바르게 하지 않아서 다른 사람의 마음을 바르게 할 수 없을 뿐만 아니라 손님을 맞이하기가 어렵고, 몸을 닦지 않아서 다른 사람의 몸을 닦을 수 없을 뿐만 아니라 동료들의 요구에 응답하기가 어렵고, 힘을 하나로 하지 않아서 다른 사람의 힘을 하나로 할 수 없을 뿐만 아니라 관청을 쓰기가 어렵게 되는 것이다.[74]

또한 이제마는 사람의 욕심은 지의(志意)와 혼백(魂魄)에서 나오

---

73) 『格致藁』, 「反誠箴」, 震箴, "是知 意不誠者 意厭於知也 意厭於知故, 必衒些小之知於愚人之席 而求合乎愚人之意也. 心不正者 心厭於勇也 心厭於勇故, 必耀些小之勇於怯人之襟 而求合乎怯人之心也. 身不修者 身厭於淸也 身厭於淸故, 必鬻些小之淸於濁人之堂 而求合乎濁人之身也, 力不至者 力厭於優也 力厭於優故, 必誇些小之優於劣人之所 而求合乎劣人之力也."

74) 『格致藁』, 「儒略」, 天時, "不誠其意 莫誠人意, 不正其心 莫正人心, 不修其身 莫修人身, 不一其力 莫一人力. 不誠其意 實難接友, 部正其心 實難迎客, 不修其身 實難應제, 不一其力 實難用曹."

고, 사람의 사사로움은 굴신(屈伸)과 동정(動靜)에서 나오는데, 대인의 의지(志意)와 혼백(魂魄)은 치국·평천하는 것으로써 마음을 삼고, 소인의 지의(志意)와 혼백(魂魄)은 가정의 부와 몸의 귀하게 되는 것으로써 마음을 삼으며, 대인의 굴신(屈伸)과 동정(動靜)은 성의(誠意)·경신(敬身)하여 법도(법규와 준승(準繩))에 맞고, 소인의 굴신과 동정은 방심·나신하여 법도에 맞지 않는다고 하여,[75] 대인과 소인을 구별하고 있다.

그러나 이제마는 『대학』의 팔조목을 실천하는 것은 모두 기만과 속임을 살피는 데에 있으며, 하늘과 사람을 원망하고 도와 덕을 무너뜨리는 것도 기만과 속임을 살피지 않는 데 있다고 경계하면서[76] 모든 사람이 군자의 삶을 살아가는 세상을 기대하고 있다.

---

75) 『格致藁』, 「獨行篇」, "曰人之慾 出於志意魂魄 人之私 出於屈伸動靜, 大人之志意魂魄以治國平天下爲心故 其精神氣血 深遠廣大也. 細人之志意魂魄以富家貴身爲心故 其精神氣血 淺近狹小也. 大人之屈伸動靜 以誠心敬身爲身故 其身首股肱 中規矩準繩也. 細人之屈伸動靜 以放心懶身爲身故 其身首股肱不中規矩準繩也."

76) 『格致藁』, 「反誠箴」, 兌箴 下截, "是故 格物致知 都在於察乎詭詐, 誠意正心 都在於察乎詭詐, 修身齊家 都在於察乎詭詐, 治國平天下 都在於察乎詭詐, 而怨天尤人 必在於不察詭詐, 反道敗德 必在於不察詭詐也."

Ⅴ. 맺음말

이상에서 『대학』의 학문적 체계인 팔조목을 이제마가 자신의 사상적 사유체계 속에서 어떻게 받아들이고 해석하였는지를 고찰하였다.

먼저 사상적 사유체계의 근본인 사 · 심 · 신 · 물 사상에서는 사(事)와 치국평천하, 심(心)과 격물치지, 신(身)과 성의정심, 물(物)과 수신제가를 각각 결부시키고, 또 사(事)와 성의, 심(心)과 정심(正心), 신(身)과 수신, 물(物)과 제가를 각각 결부시켜, 자신의 사상적 사유체계에서 『대학』의 팔조목을 논급하고 있다.

또 인간 본성인 인 · 의 · 예 · 지 사덕에서는 인(仁)과 수신제가·의(義)와 성의정심 · 예(禮)와 격물치지 · 지(智)와 치국평천하를 각각 결부시키고, 『대학』의 사심론을 근거로 사상체질의 마음 작용을 설명하고 있다.

마지막으로 이제마가 군자·소인지도를 논급함에 있어서도 팔조목을 근거로 그것을 잘 실천하는 존재가 군자라며, 팔조목과 반대되는 마음과 행위를 하는 존재가 소인임을 밝히고 있다.

『대학』의 팔조목을 유학의 학문적 체계인 '수기치인(修己治人)' 내지 '수기안인(修己安人)'으로 규정한다면, 격물 · 치지 · 성의 · 정심은 '수기(修己)'로 자기의 내면적 자각과, 수신 · 제가 · 치국 · 평천하는 '치인'으로 자신을 근거로 한 외적인 세계에 대한 실천의 문제와 관계되는 것으로 이제마는 이러한 팔조목을 자신의 사상적 사유체계로 재해석하면서 '지인(知人)'과 '정기(正己)'의 근거로 삼고 있는 것이다.

한편 사상철학은 한마디로 요약하면 선진유학의 성인지도에 근거를 둔 군자지학인데, 그는 선진유학의 철학적 원리를 근거로 실증적인 학문인 의학(醫學)에 적용하여 사상의학을 창안한 것이다.

이제마는 자신의 죽은 후 100년이 지나면 사상의학에 세상의 관심을 가질 것이라 하였다. 100여 년이 지난 사상의학에 관심은 지대하지만, 사상의학의 철학적 근거인 선진유학의 성인지도(聖人之道)와 사상(四象)에 대한 이해는 부족한 실정이다.

이는 사상의학을 연구하는 사람들이 이제마의 철학적 사유체계는 등한시하고 실용적인 연구에 치중하여, 『주역』의 음양오행론을 물리적 법칙으로 이해한 한대(漢代) 이후의 이론을 그대로 수용하거나, '사상'을 실증적인 경험에 근거한 사유로 규정하고 있기 때문이다.

따라서 사상의학의 철학적 근거를 밝히기 위해서는 앞으로 선진유학의 형이상적 입장에서 『격치고』에 대한 연구가 있어야 할 것이다.

• 참고문헌

『周易』. 『大學』. 『論語』. 『中庸』. 『孟子』.

李濟馬, 『格致藁』.

______, 『東醫壽世保元』.

박대식 역주, 『사상의학의 인간학 格致藁』, 청계출판사, 2000.

李乙浩, 『韓國改新儒學史試論』, 박영사, 1980.

李能和 編述, 『朝鮮佛敎通史』, 寶蓮閣, 1972.

池圭鎔, 『동무 격치고역해』, 도서출판 영림사, 2001.

金滿山, 「『周易』의 관점에서 본 四象醫學原理(1) - 性命論에 관하여 -」, 『동서철학연구』, 18, 한국동서철학회, 1999, 25~41면.

금장태, 「동무 이제마의 사상」, 『철학과 현실』, 14, 철학문화연구소, 1992, 192~202면.

柳南相, 「曆과 易」, 『백제연구』, 17, 충남대 백제연구소, 1986, 231~237면.

배영순, 「이제마의 인간론 - 衆人의 유형론을 중심으로 -」, 『민족문화논총』, 50, 영남대 민족문화연구소, 2012, 323~357면.

林炳學, 「『格致藁』에 나타난 이제마의 易學的 사유체계(1) - 학문 연원과 四象의 역학적 의미를 중심으로 -」. 『퇴계학보』, 132, (사)퇴계학연구원, 2012, 177~210면.

Abstract

Dongmu Lee, Jea-Ma's the thinking system of Sa-Sang and *The Great Learning*(『大學』)

- focusing *Gyeokchigo*(『格致藁』) -

In this paper, I studied the relationship between Dongmu Lee, Jea-Ma(1837~1900)'s the thinking system of Sa-Sang and *the Great Learning*'s clause of eight(八條目). And It was studied centered around Gyeokchigo that is Lee, Jea-Ma's philosophy book. The book entitled *"Gyeokchigo"* Quoted investigatin of things & extension of knoledge(格物致知) in *the Great Learning* (『大學』).

Things and Affairs, first strapline of 「Youlak(儒略)」 is based on 'Things(物) and Affairs(事)' *in the Great Learning*. Besides the whole book of *Gyeokchigo* concluded the relationship with *the Great Learning*'s clause of eight directly.

This paprer is studied the relation between SaSimSinMul (事心身物) that is the core of the thinking system of Sa-Sang, human nature that four virtue(humanity, justice, propriety, intelligence) and a man of virtue and small fry (君子·小人之道) of Dong-mu and *the Great Learning*'s clause of eight intensively.

First, in SaSimSinMul it related Sa(事), well their States & whole kingdom(治國平天下)·Sim(心), investigatin of things & extension of knowledge·Sin(身), sincere in their thoughts & rectified their hearts(誠意正心)·Mul(物) and cultivated their persons & regulated their families (修身齊家) respectively. And it related Sa, sincere in their thoughts·Sim, rectified their hearts·Sin, cultivated their persons·Mul and regulated their families respectively. It is mentioned *the Great Learning*'s clause of eight in his the thinking system of Sa-Sang.

And it related each humanity(仁), cultivated their persons & regulated their families· justice(義), sincere in their thoughts & rectified their hearts·propriety(禮), investigatin of things & extension of knowledge·

intelligence(智), well their States & whole kingdom in human nature that four virtue.

He explained four figural physical constitution's mind function based on *the Great Learning*'s SaSim(四心)

Finally Dongmu referenced a man of virtue and small fry. The man of virtu practices The clause of eight well. A little one behaves antagonistically toward clause of eight.

In sum, Dongmu's philosophy is scholarship of a man of virtue based on Confucianism's. He created a Sa-Sang Constitutional medicine(四象醫學) through applying Confucianism's philosophical principle to medical science(Oriental medicine), empirical study.

Therefore, it has to be studied Confucianism's perspective to make clear Dong-mu philosophy's true character. And it has to be studied about *Gyeokchigo* that summing up Dongmu's philosophy.

Key words : Dongmu Lee Jea-Ma, *Kogchigo*, *the Great Learning*, clause of eight, SaSimSinMul, four virtue.

❙ 저자 소개 ❙

임병학

충남대학교 대학원에서 「易學의 河圖洛書原理에 관한 연구」로 철학박사를 취득하고, 현재 원광대학교 동양학대학원에서 『周易』철학 · 正易哲學 · 四象哲學 · 圓佛教學 · 마음학을 연구·강의하고 있다.

저서 소개

『마음 힐링을 위한 주역 메타카드』(도서출판 중도, 2024)
『주역 64괘』(도서출판 중도, 2023)
『주역 마음학❶ 한자, 주역으로 풀다』(도서출판 중도, 2022)
『꽃차, 사상의학으로 만나다II』(도서출판 中道, 2022, 공저)
『꽃차, 사상의학으로 만나다』(도서출판 中道, 2021, 공저)
『중용, 주역으로 풀다』(도서출판 동남풍, 2018)
『동의수세보원, 주역으로 풀다』(골든북스, 2017)
『하늘을 품은 한자, 주역으로 풀다』(골든북스, 2016)
『一夫傳記와 正易哲學』(도서출판 硏經院, 2013, 공저)

논문 소개

• 周易·正易哲學

「『정역』을 통해 본 바둑과 바둑판의 易學的 의미」(『한국학연구』, 2024)
「「계사하」 제1장의 역철학적 고찰」(『선도문화』, 2024)
「『정역』에서 본 參天兩地의 역학적 의미」(『인문과학』, 2023)
「「계사상」 제10장의 역철학적 고찰 - 『정역』을 중심으로-」(『선도문화』, 2023)
「『주역』 益卦의 인문적 해석과 교육적 의미」(『용봉인문논총』, 2022)
「「계사상」 제8장과 言·行의 역철학적 의미」(『인문학연구』, 2022)
「「洪範」 五行의 본질적 의미」(『퇴계학보』, 2021)
「「계사상」 제4장과 『주역』의 학문체계 고찰」(『동서철학연구』, 2021)
「『正易』의 易道 표상체계 고찰」(『민족문화』, 2020)
「『주역』의 河圖洛書論에 근거한 卜筮와 往來·順逆의 의미 고찰」(『인문학연구』, 2019)
「『주역』의 易有太極절과 선신유학의 마음론 고찰」(『유학연구』, 2018)
「『주역』의 河圖洛書論과 계사상 제9장 고찰」(『동서철학연구』, 2017)
「『주역』의 河圖洛書論과 『正易』의 八卦圖 상관성 고찰」(『원불교사상과 종교문화』, 2016)
「『주역』의 時에 대한 고찰」(『인문학연구』, 2016) 등 30여편

• 四象哲學

「東武 이제마의 易學觀 고찰」(『시민인문학』, 2024)

「『동의수세보원』과 『격치고』의 상관성 고찰 - 好善·惡惡·邪心·怠心을 중심으로-」(『민족문화』, 2022)
「『대학』과 사상철학의 마음론 고찰」(『인문논총』, 2022)
「『동의수세보원』의 장리·장국과 사상인 고찰」(『한국민족문화』, 2021)
「『동의수세보원』「廣濟說」의 酒色財權과 사상인 고찰」(『양명학』, 2018)
「『동의수세보원』의 마음론과 사상인 변별 고찰」(『한국학논집』, 2018)
「『동의수세보원』에서 氣와 사상인의 마음작용 고찰」(『인문과학』, 2018)
「「확충론」의 속임·모욕·도움·보호(欺侮助保)와 사상인의 마음작용」(『국학연구』, 2017)
「朱子의 『역학계몽』에 근거한 동무의 易學的 사유의 특징」(『한국문화』, 2014) 등 30여편

• 圓佛教學

「불법연구회 一圓八卦圖의 내력과 역철학적 의미」(『원불교사상과 종교문화』, 2023)
「『대종경』과 『맹자』의 인과사상 고찰」(『유학연구』, 2021)
「원불교 '법인(法認)기도'의 제천(祭天)의례 성격과 '팔괘기(八卦旗)'의 역학적 이해」(『신종교연구』, 2019)
「一圓哲學의 마음론과 四象人의 마음공부(1)」(『동서철학연구』, 2018)
「『周易』에서 본 少太山의 발심 呪文과 大覺 직후 해석된 두 구절의 교리적 함의」(『원불교사상과 종교문화』, 2017) 등 10여편

• 기타 연구

「천문(天文)사상과 풍수(風水)의 상관성 고찰」(『용봉인문논총』, 2021)
「『周易』으로 해석한 고구려의 祭天儀禮와 三足烏」(『원불교사상과 종교문화』, 2018)
「黎貴惇(레뀌돈)의 『書經衍義』에 나타난 實事求是的 『周易』 사상」(『퇴계학보』, 2017) 등 20여편

윤수정

2019년 원광대학교 동양학대학원에서 「『동의수세보원』「성명론」의 마음 연구」로 석사학위를 취득하고, 현재는 원광대 대학원 박사과정에 재학 중에 있다.
연구 분야는 四象哲學·圓佛教學·마음학이며, 대표적인 저서는 『꽃차, 사상의학으로 만나다II』(도서출판 中道, 2022, 공저)가 있으며, 연구 논문은 「『동의수세보원』의 마음론과 『맹자』의 상관성 고찰」(『사상체질의학회지』, 2019), 「『동의수세보원』의 생기와 한방꽃차」(『인간과자연』, 2023) 등이 있다.
2024년 한국인간과자연학회 추계 전국학술대회(숭실대)에서는 「『동의수세보원』「사상인변증론」과 사상인의 마음론 고찰」을 발표하였다.

이종숙

원광대학교 동양학대학원에서 『周易』철학·正易哲學을 공부하고 있으며, 특히 『주역』「계사상·하」의 연구에 집중하고 있다. 대표적인 논문은 「「계사상」 제10장의 역철학적 고찰 - 『정역』을 중심으로-」(『선도문화』, 2023)가 있고, 「「계사상」 제5장의 역철학적 고찰」은 학술지에 투고중이다.

대학 마음학

大學心解

2024년 4월 28일 초판 인쇄
2024년 5월 5일 초판 발행

지 은 이 임병학, 윤수정, 이종숙
펴 낸 이 신원식
펴 낸 곳 도서출판 **中道**
서울 종로구 삼봉로 81 두산위브파빌리온 921호
등 록 2007. 2. 7. 제2-4556호
전 화 02-2278-2240

값 : 18,000원

ISBN 979-11-85175-73-7